헤겔과 성적 차이의 페미니즘

공감이론신서 30

헤겔과 성적 차이의 페미니즘

앨리슨 스톤 외 지음
윤소영 옮김
과천연구실 세미나 32

공 감

공감이론신서 30
헤겔과 성적 차이의 페미니즘
앨리슨 스톤 외 지음
윤소영 옮김
과천연구실 세미나 32

초판인쇄일 2007년 9월 22일
초판발행일 2007년 9월 29일

도서출판 공감
발행인 이 범 수
출판등록 22-1006 (1996. 5. 14.)
서울시 마포구 망원2동 436-40 플러스타운 101-1호
전화 323-8124 / 팩스 323-8216
전자우편 alba21@naver.com

ISBN 978-89-86939-34-7 03320
값 7,000원

서 문

『헤겔과 성적 차이의 페미니즘』이라는 제목의 이 책은 곧 출판될 『헤겔과 일반화된 마르크스주의』와 함께 헤겔-마르크스주의와 공납제 세계제국을 대상으로 한 『일반화된 마르크스주의의 쟁점들』(공감, 2007) 및 『일반화된 마르크스주의의 경계들』(공감, 2007)을 보충하는 작업이다. 전번의 연구 노트가 인권의 정치를 위한 철학으로서 헤겔-마르크스주의를 모색한다면, 이번에 번역된 글들은 성적 차이라는 인권의 정치의 경계를 위한 철학으로서 '헤겔-페미니즘'을 모색한다.

퍼트리셔 밀즈의 「페미니즘적 헤겔 해석: 개관」(1996)과 그것을 보충하는 킴벌리 헛칭스의 「페미니즘적 헤겔 독해」(2003)에서 알 수 있듯이, 헤겔-페미니즘을 대표하는 시도는 보부아르의 젠더 페미니즘과 이리가레의 성차의 페미니즘에서 발견된다. 보부아르가 헤겔의 『정신현상학』에서 제시되는 주인과 노예의 변증법에 주목한다면, 이리가레는 『정신현상학』에서 제시되는 『안티고네』 해석과 『법철학』에서 제시되는 현대 핵가족-부르주아 시민사회-현대 국가라는 윤리적 세계에 주목한다.

알다시피 마르크스의 '경제학 비판'은 헤겔 『법철학』에 대한 비판에서 시작된다. 그런데 부르주아 시민사회와 현대 국가 사이의 관계에 주목하는 마르크스는 현대 핵가족에 대해서는 여전히 맹목적이다. 이 때문에 이리가레의 성차의 페미니즘을 마르크스의 공백을 보충하는 '페미니즘적 경제학 비판'으로 해석할 수 있는 것이다(윤소영, 『마르크스의 '경제학 비판'』(개정판), 공감, 2005 참조).

로버트 스턴의 「헤겔 『정신현상학』에서 『안티고네』」(2002)는 그리스 사회에서 가족과 폴리스 사이의 갈등을 상징하는 안티고네와 크레온 사이의 갈등을 설명한다. 이런 갈등은 결국 그리스 사회에 시민('보편적 개인')과 구별되는 개인('개별적 개인')이 현실적으로 존재하지 않는다는 것을 의미한다. 그러나 그리스 사회가 로마 사회로 이행하면서 개인으로서 인격이 출현한다.

더들리 노울즈의 「헤겔 『법철학』에서 가족」(2002)은 추상적 권리(특히 소유권)의 담지자인 인격이 현대 핵가족(나아가 부르주아 시민사회와 현대 국가)이라는 윤리적 세계에서 보편적 인격으로 구체화되는 과정을 설명한다. 개별성과 보편성의 무매개적 동일성을 요구하는 그리스 사회와 달리 현대 사회는 인격을 매개로 해서 개별성과 보편성의 동일성을 실현한다.

앨리슨 스톤의 「헤겔과 이리가레에게서 가족-국가관계」(2002/2006)는 『성과 계보』(1987) 이후 이리가레가 강조하는 '가족의 문화화', 좀 더 구체적으로 말해서 성별화된 권리에 의한 가족의 제도화를 위한 철학적 근거를 해명한다. 그녀는 『성차의 윤리』(1984) 이후 이리가레의 본질주의 또는 보편주의가 정치적-전략적인 것에서 현실주의적인 것으로 이행한다고 주장한다. 문화(상징의 가상작용)의 차원뿐만 아니라 또한 자연(현실)의 차원에서도 인식해야 하는 성차는 인간학적 차이인 동시에 존재론적 차이라는 것이다.

이리가레의 현실주의적 본질주의 또는 보편주의는 인권의 정치를 특징짓는 주인과 노예의 변증법과 구별되는 성차의 변증법을 의미한다. 성차의 변증법은 주인과 노예의 변증법처럼 추상적 보편성

(‘류적 보편성’)이 아니라 구체적 보편성(‘종적 보편성’)에 주목한다. 그러나 성차의 변증법은 주인과 노예의 변증법과 달리 적대와 비극이 아니라 오히려 사랑과 행복(felicité, 기쁨)을 시사한다.

참고로, 『일반화된 마르크스주의의 쟁점들』에 번역된 발리바르의 「보편의 상 아래에서」(2006)는 인권의 정치의 경계로서 지적 차이, 나아가 문화적-언어적 차이를 위한 철학을 모색한다. 이를 위해 그는 콰인과 벤야민의 번역 개념을 비판하면서 초개인성이 아니라 오히려 초공동체성으로 특징지어지는 존재론적 차이와 인간학적 차이에 주목한다. 이런 의미에서 그의 초공동체성 개념은 ‘문화 연구’와 ‘포스트-식민주의 연구’가 주장하는 공동체주의나 문화다원주의와 이단점을 설정하려는 시도이기도 하다.

2007. 9.
윤 소 영

차 례

페미니즘적 헤겔 해석: 개관*)

퍼트리셔 밀즈

헤겔에 대한 이 논문집은 그것을 포함하는 총서와 마찬가지로 서양철학의 남성적 편향뿐만 아니라 또한 오늘의 페미니즘 이론의 가장 중요한 문제 중 하나, 즉 갈등적 지반(contested ground)으로서 페미니즘적 해석이라는 문제를 강조한다. 페미니스트들이 집필한 성경(canon)에 대한 논문집은 보통 각각의 사상가에 대한 단지 한 가지 해석만을 제시한다. 플라톤에 대한 페미니즘적 해석, 이어서 아리스토텔레스에 대한 페미니즘적 해석, 등등처럼 말이다. 특수한 사상가에 대한 각각의 페미니즘적 해석을 '유일한' 페미니즘적 해석으로 승격시키는 그런 접근법은 그 철학자를 어떻게 읽을 것인가에 대한 합의가 페미니스트들 사이에서 반드시 존재하는 것은 아니라는 사실을 모호하게 하는 경향이 있다. 이 총서의 논문집들로

---

*) Patricia Mills, "Introduction", in P. Mills, ed., *Feminist Interpretations of G. W. F. Hegel*, Re-Reading the Canon Series ed. by Nancy Tuana, The Pennsylvania State University Press, 1996. 소제목은 독자의 편의를 위해 역자가 붙인 것이다.

서양철학사에서 성적 차이에 대한 맹목은 즈느비에브 프레스, 「성적 차이의 철학적 역사」(1991); 프랑수아즈 콜랭, 「철학적 차이들」(1991), 권현정 엮음, 『성적 차이와 페미니즘』, 공감, 1997을 참조하고, 특히 스피노자의 경우는 윤소영 옮김, 『'인권의 정치'와 성적 차이』, 공감, 2003을 참조하시오.

인해 단일한 해석의 접근법이 해체되면서 페미니즘적 시각을 통한 정경의 재독해의 복잡성을 특징짓는 해석의 다수성이 드러난다.[1)]

보부아르와 페미니즘적 헤겔 독해

독일 철학자 게오르크 빌헬름 프리드리히 헤겔(1770-1831)에 대한 페미니즘의 현재적 관심은 프랑스 페미니스트 보부아르가 『제2의 성』(1949)에서 타자로서 여성에 대한 분석을 전개하기 위해 그의 철학의 일부를 창조적으로 영유하면서 시작되었다. 그녀는 헤겔의 『정신현상학』에서 자기의식의 첫 번째 계기인 주인과 노예의 변증법이 남성과 여성의 관계를 조명한다고 주장했다. 여성이 문자 그대로 남성의 노예는 아니지만 그럼에도 불구하고 노예적 의식에 처해왔다는 것이다. 역사적으로 여성은 남성과 완전히 평등하게 살아온

---

1) 예를 들어, Martha Osborne, ed., *Women in Western Thought*, Random House, 1979; Lorenne Clark and Lynda Lange, eds., *The Sexism of Social and Political Theory: Women and Reproduction from Plato to Nietzsche*, University of Toronto Press, 1979; Ellen Kennedy and Susan Mendus, eds., *Women in Western Political Philosophy: Kant to Nietzsche*, Wheatsheaf Books, 1987; Mary Shanley and Carole Pateman, eds., *Feminist Interpretations and Political Theory*, Pennsylvania State University Press, 1991을 참조하시오. 단일 해석 접근법이 정경을 다시 독해하려고 시도하는 단일 저자의 저서에도 적용된다는 것은 분명하다. 예를 들어, Susan Okin, *Women in Western Political Thought*, Princeton University Press, 1979; Jean Elshtain, *Public Man, Private Woman: Women in Social and Political Thought*, Princeton University Press, 1981; Genevieve Lloyd, *The Man of Reason: 'Male' and 'Female' in Western Philosophy*, University of Minnesota Press, 1984; Arlene Saxonhouse, *Women in the History of Political Thought: Ancient Greece to Machiavelli*, Praeger, 1985를 참조하시오. 단일 해석 접근법에 대한 제한된 도전은 Bat-Ami Bar On, ed., *Engendering Origins: Critical Feminist Readings in Plato and Aristotle*, State University of New York Press, 1994; *Modern Engendering: Critical Feminist Readings in Modern Western Philosophy*, State University of New York Press, 1994를 참조하시오.

적도 없었고 또 그와 평등한 인간으로 개념화된 적도 없었다. 서양 가부장제 사상의 이원론적 형이상학에서 남성은 정신과 초월성[대자성]과 영혼을 표상하는 주체이자 절대자이고, 여성은 물질과 내재성[즉자성]과 육체를 표상하는 대상이자 제2의 성이다. 부정성으로 이해되는 여성은 '남성이 아닌' 모든 것과 마찬가지로 이런 "타자화"(othering)[2] 과정에서 제한된 종속적 의식 형태에 처해진다. 남성의 타자로 봉사하도록 강제되면서 여성은 그녀의 자기로부터 소외된다.

『제2의 성』은 마르크스주의가 '여성 문제'(the Woman Question)라고 불렀던 것을 다시 정의하는 [이론적] 기념비다. 그 자체로 그것은 마르크스주의 이론을 사르트르적인 실존주의[인간주의]와 결합하려는 정교한 시도 속에 헤겔 철학을 삽입시키는 페미니즘적 분석을 제시한다. [청년] 마르크스는 주인과 노예의 변증법을 통해 자본주의 사회에서 노동자계급에 대한 경제적 착취를 전반적으로 묘사한다. 이는 노동자계급이 헤겔의 노예와 마찬가지로 변증법적 지양을 통한 자유의 가능성을 대표한다는 것을 의미한다. 이런 분석에서 가부장제적 지배 또는 남성에 의한 여성의 지배는 경제적 착취의 결과로 간주된다.

이성애적 관계를 주인과 노예의 변증법의 관점에서 이해하는 것은 [실존주의적·인간주의적] 마르크스주의의 프로젝트를 복잡하게 만든다. 보부아르는 자신이 이런 변증법을 사용하여 분석하는 남성에 의한 여성의 성적 억압(oppression)과 마르크스가 동일한 변증법을 사용하여 분석하는 노동자계급에 대한 경제적 착취(exploitation) 사이에 중요한 차이가 있다고 주장한다. 따라서 그녀는 계급적 불평등을 극복하기 위해서 마르크스주의적 또는 사회주의적 혁명이

---

2) '타자화'라는 용어에 대해서는 Mary Pratt, "Scratches on the Face of the Country: or, What Mr. Barrow Saw in the Land of the Bushman", in Henry Gates Jr., ed., *'Race', Writing, and Difference*, University of Chicago Press, p. 139; cited in Naomi Schor, "This Essentialism Which Is Not One: Coming to Grips with Irigaray", *differences: A Journal of Feminist Cultural Studies*, Summer 1989, p. 45를 참조하시오.

필요하다고 생각하지만, 가부장제적 지배의 사슬을 분쇄하기 위해서는 그런 경제적 혁명이 충분하다고 생각하지 않는다.

보부아르는 이성애적 차이라는 생물학적 '사실'을 토대로 헤겔이 제시하는 논리적이고 윤리적인 주장에는 동의하지 않지만, 그러나 헤겔처럼 이성애적 커플이 서로에게 필요한 [상보적(complementary)인] 두 개의 절반(half)으로 구성되는 "기본적 통일성(unity, 단위)"을 형성한다고 주장한다.[3] 따라서 여성은 노동자계급이나 다른 억압받는 집단들처럼 하나의 집단으로서 연대(solidarity)를 성취할 수 없다. 즉 재생산을 위한 남성과 여성 사이의 유대(bond) 때문에 여성은 자신을 억압하는 집단으로서 남성에게 반대하는 단일한 대립적 세력으로 자신을 조직할 수 없다는 것이다. 보부아르에게 여성은 성이지 계급이 아니며, 남성과의 필연적인 관계 속에서 분할된다.

그러나 성적 집단으로서 여성에 대한 이런 이해를 '본질주의적' 입장으로 간주해서는 안 된다. 보부아르는 '여성적 본성(nature)', 초문화적이고 초역사적인 불변하는 선천적 본질이 존재한다고 주장하는 것이 아니다. 오히려 그녀는 "여성으로 출생하는 것이 아니라 오히려 여성으로 생성되는 것이다"라는 유명한 진술 속에서 [생물학적] 성과 [문화적·역사적 성으로서] 젠더(gender)를 구별한다.[4] 성과 젠더의 이런 개념적 구별을 통해 '여성'이라는 개념은 '탈본질화되고' 또 '탈본성화된다'. 보부아르는 [젠더로서] 여성성이 가부장제적 이익에 봉사하도록 사회적으로 구성되는 방식을 설명한다.[5]

---

3) Simone de Beauvoir, *The Second Sex*, Bantham Books, 1961, p. xix.

4) *Ibid.*, p. 249. 이것이 아동기에 대한 2책 12장의 첫 줄이다. 불행하게도 영역본은 아주 불만족스럽다. 2책의 제목 'L'Expérience vécue'(체험된 경험)를 'Woman's Life Today'로 번역한 것은 보부아르의 설명의 현상학적 요소를 제거한다. 더 나은 번역은 '(Women's) Lived Experience'일 것이다. 영역본에 대한 포괄적인 비판은 Margaret Simons, "The Silencing of Simone de Beauvoir: Guess What's Missing from *The Second Sex?*", *Women's Studies International Forum*, 1983 No. 5를 참조하시오.

5) Sonia Kruks, "Gender and Subjectivity: Simone de Beauvoir and Contemporary Feminism", *Signs: Journal of Women in Culture and Society*, Autumn 1992, p. 91.

보부아르는 가부장제에서 주체는 배타적으로 남성이고 여성은 단지 대상이 될 따름이라고 주장한다. 그러나 그녀 자신의 주체성의 이론은 여전히 남성성, "'초월성의 빛을 향해' 내재성의 어두운 동굴에서"[6] 능동적으로 탈출하는 헤겔적인 주체의 이론과 결부되어 있다. 많은 논평자들이 지적했던 것처럼 여기서 보부아르는 여성성을 수동성과 부정성에 연결하고 남성성을 능동성과 긍정성에 연결하는 가부장제적 공식을 반복한다. 그러나 동시에 그녀는 여성도 또한 내재성으로부터 탈출하고 초월성을 달성하여 주체로 생성될 수 있다고 주장함으로써 이 공식에 도전한다. 그런데 이것은 쉬운 일이 아니다. 이것은 여성이 사르트르적 실존주의[인간주의]의 공포스런 자유를 포용할 것을 요구하는 위험하고 모험적인 프로젝트다. 보부아르에 따르면, 자유를 위한, 지적이고 경제적인 자율성을 위한 여성의 투쟁과 대상화를 수용하는 여성, 자유의 위험과 모험을 회피하기 위해 타자로 남아 있기를 [남성과] 공모하는 여성의 '배신' 사이에서 긴장이 전개된다.

1960-70년대에 여성운동의 사회적·정치적 투쟁이 출현하고, 그 결과 페미니즘적 이론이 발전하면서 보부아르의 입장은 공격을 받게 되었다.[7] 자매애의 정치는 레즈비언적 분리주의의 출현과 함께 여성의 연대를 배제하는 필연적인 이성애에 대한 그녀의 공식에 도전했다. 또 헤겔에 대한 새로운 페미니즘적 비판은 특히 보부아르가 결정적인 논점, 즉 헤겔에게서 주인과 노예의 변증법은 남성들 사이의 간주체적 관계의 전개의 하나의 계기이므로 남성과 여성 사이의 관계에는 적용될 수 없다는 논점을 간과했다고 지적했다. 헤겔의 철학에서 '여성'과 '노예'는 삶과 죽음과 노동에 대해 근본적으로 상이한 관계를 갖는 것으로 개념화되므로 여성은 노예의 의식을 갖지 않고 또 가질 수도 없다고 주장되었다.[8]

---

6) Schor, "This Essentialism", p. 43 (citing Beauvoir, *The Second Sex*, p. 675).
7) 페미니즘 이론의 발전과의 관련 속에서 보부아르에 대한 최근의 해석은 Margaret Simons, ed., *Feminist Interpretations of Simone de Beauvoir*, Pennsylvania State University Press, 1995를 참조하시오.

여성의 억압을 설명하기 위해 더 이상 주인과 노예의 변증법을 이용하지 않으면서 1980-90년대의 페미니스트들은 헤겔의 철학체계에 대한 더 포괄적인 분석에 비판적인 관심을 갖기 시작했다. 이 책에 실린 논문들은 대체로 이런 최근의 페미니즘적 헤겔 연구의 성과다. 필자들은 자신들의 독해에서 헤겔과 함께 또 그에 거슬러서 사고하고 있다. 어떤 필자는 헤겔이 여성과 여성성을 분석하는 유명한 구절에 초점을 맞추고, 어떤 필자는 성적 차이를 지시하는 그의 텍스트의 주변을 탐색하며, 어떤 필자는 묵시적으로만 성/젠더 범주에 의해 특징지어질 따름인 그의 체계의 어떤 측면을 분석한다.

이 논문집에는 철학자와 다양한 분과학문 출신의 이론가에 의한 페미니즘적 헤겔 독해가 실려 있다. 각각의 논문은 헤겔을 독해하는 고유한 방식을 갖고 있는데, 전체적으로 이 논문집은 헤겔이 그것의 초월을 시도할 때조차도 그의 팔루스-로고스중심주의 또는 '남성적 합리성'을 유지하고 있음을 강조할 뿐만 아니라, 또한 분과학문적 경계에 도전하는 페미니즘 이론의 월경적(transgressive) 성격을 강조하기도 한다. 새로운 경계를 설정하기 위한 목적으로 경계에 대한 이런 논쟁을 제기하는 것이 아니라는 데 주목할 필요가 있다. 즉 이 논문들은 통일된 페미니즘적 비판 체계를 창조하려는 어떤 시도를 구성하는 개별적 요소로 간주되어서는 안 된다. 이것들은 오히려 페미니즘 이론이라는 "활발한 논쟁"의 수많은 상이한 전략과 입장의 결합인 것이다.[9]

---

8) 특히 Mary O'Brien, *The Politics of Reproduction*, Routledge, 1981, pp. 67-73; Patricia Mills, "'Feminist Sympathy' and Other Serious Crimes: A Reply to ['Why Feminists Should Take the *Phenomenology of Spirit* Seriously?']", *The Owl of Minerva*, Fall 1992를 참조하시오. 현재 페미니즘 논쟁에서 아프리카-아메리카 여성들은 여성을 노예와 결부시키는 것에 반대하면서 자신의 경험이 노예와 유사하다고 주장하는 백인 여성들은 자신의 목적을 위해 노예제를 활용하려고 그것의 야만적 현실을 무시한다고 주장한다. bell hooks, *Ain't I a Woman: Black Women and Feminism*, South End, 1981을 참조하시오. '여성'과 '노예'라는 범주를 분리함으로써 귀결되는 곤란(어떤 노예는 여성이다)에 대해서는 Elizabeth Spelman, *Inessential Woman*, Beacon, 1988, Ch. 2를 참조하시오.

『정신현상학』과 『법철학』

이 논문집은 공동의 텍스트를 대상으로 하거나 공동의 주제를 검토하는 논문들을 한데 묶는 방식으로 편집되어 있다. 따라서 『정신현상학』(1807)과 『법철학』(1821)에서 여성에 대한 헤겔의 개념화를 검토하는 4편의 논문과 1편의 논평에서 시작한다. 이 두 저작은 여성과 이성애적 성적 차이에 대한 헤겔의 가장 확실하고 실질적인 분석을 포함한다. 그러나 이런 분석은 난해하기로 악명 높은 철학적 체계, 총체화하는 체계 내부에서 모든 것에 대해 말하려고 하는 체계, 철학으로 하여금 '그리스어[및 라틴어]를 말할' 뿐만 아니라 또한 '독일어를 말하도록' 만들려는 체계 속에 삽입되어 있다. 따라서 헤겔에 대한 손쉬운 '안내'(introduction)란 존재하지 않는다. 그와 함께 사고하면서 시작할 수밖에 없는 것이다. 이것은 철학적 빛의 계기가 때때로 가부장제석 가징(假定)이라는 어둠으로 변화하는 엄청난 수준의 모호성에 대해 사고한다는 것을 의미한다.

"의식이 통과하는 경험에 대한 학문"이라고 헤겔이 묘사하는 『정신현상학』은 역사 속에서 실현되는 정신의 전진적인 전개에 대한 설명을 시도한다.[**)] 그것은 일상적인 '자연적' 의식에서 시작하여 의식이 절대적 지식의 단계에 도달할 때까지 변증법적으로 전진한다. 의식의 최초의 형상은 무매개적인 단순한 감각 또는 '감각적 확

---

9) Elaine Showalter, ed., *The New Feminist Criticism: Essays on Women, Literature and Theory*, Virago, 1986, p. 4.

**) 『정신현상학』은 논쟁적인 서문(셸링 비판)과 서론(칸트 비판)에 이어 1장 감각적 확실성, 2장 지각, 3장 오성, 4장 자기확실성의 진리성, 5장 이성의 확실성과 진리성, 6장 정신(윤리·문화·도덕), 7장 종교(자연종교·예술종교·계시종교), 8장 절대지식(철학)으로 구성된다. 헤겔은 1-3장을 (A) 의식, 4장을 (B) 자기의식, 5-8장을 별도의 제목 없이 (C)로 분류하기도 한다.

실성'이다. 그것은 지각과 오성을 거쳐 [자기의식과] 이성과 정신으로 전개된다. 의식의 연속적 단계는 스스로 사고하는 사고 또는 세계에 대한 자기사고라고 정의되는 정신의 전개다.

의식의 각각의 단계에서 동일한 변증법적 생성의 논리가 작동한다. 즉 정신의 자기소외 또는 외부화를 통해 모순적 계기 또는 '부정'이 출현하고, 이어서 두 개의 대립하는 계기 사이의 투쟁이 발생하며, 결국 이전의 두 계기를 유지하고 부정하고 초월하는 '화해'라는 제3의 계기가 출현하는 것이다. 번역하기 곤란한 'Aufhebung'이라는 이 제3의 계기는 모든 이원론, 모순성, 타자성을 극복하는 변증법적 지양이다. 유지와 부정과 초월이라는 요소를 모두 포함하는 지양은 즉각적으로 또는 시간의 경과 속에서 발생하는 과정이다.

변증법적 논리를 통해 사고의 운동은 오성적 개념들의 이원론 또는 상호 배타성을 극복하는 과정임이 드러난다. 이성[좀 더 정확하게 말하자면 긍정적 이성으로서 사변]의 단계에서는 개념들의 통일성, 즉 그것들 사이의 차이를 제거하지 않는 채 개념들을 결합하는 [매개적] 동일성이 출현한다. 이성은 개념들을 동일성과 비동일성의 동일성(차이 속의 동일성)으로 파악하는 것이다. 동일성 이론의 이런 개념화를 통해 『정신현상학』은 이원적 대립, 즉 정신과 물질, 보편과 특수, 역사와 자연, 주체와 대상, 자기와 타자, 남성과 여성의 이원론에 대한 도전에 착수한다.

『법철학』에서 헤겔은 『정신현상학』의 프로젝트를 지속하면서 정신이 현대 세계에서 사회적·정치적 활동, 법·국가로 자기를 대상화하는 방식에 대한 명시적인 분석을 전개한다.***) 이 저작의 목적은

***) 『철학백과사전』의 3부인 『정신철학』은 주관정신·객관정신·절대정신으로 구성되는데, 주관정신은 인간학(영혼)·정신현상학(의식)·심리학(정신), 객관정신은 권리·도덕·윤리, 절대정신은 예술·종교·철학으로 구성된다. 객관정신이 곧 『법철학』의 대상인데, 권리는 소유·계약·불법(Unrecht), 도덕은 목적·의도·양심, 윤리는 가족·부르주아 시민사회·국가로 구성된다. 또 가족은 결혼·가족의 재산·자녀의 교육과 가족의 해체, 부르주아 시민사회는 '욕구의 체계'(경제)·사법·폴리차이(Polizei, 규제)와 코퍼레이션, 국가는 헌법·국제법·세계사로 구성된다.

도덕과 윤리에 대한 욕망의 관계를 해명하는 데 있다. 분석은 결혼 내부에서의 성적 욕망에 대한 검토에서 시작하여, 부르주아 시민사회의 일반화된 욕망과 추상적 도덕으로 초점을 이동하고, 결국 국가의 구체적 윤리에 대한 검토에 도달한다. 『정신현상학』이 고대 세계에서 특수와 보편, 가족과 폴리스, 여성과 남성 사이의 모순으로의 이성의 분기를 묘사한다면, 이런 분기는 기독교적인 현대세계가 가족과 부르주아 시민사회와 국가로 구성되는 삼원론(triad)으로 전개되면서 변증법적으로 지양됨이 증명된다.

『법철학』은 『정신현상학』과 마찬가지로 여성에 대한 검토를 가족으로 국한한다. 『정신현상학』에서 여성에 대한 검토는 6장 「정신」 A절 「진리적 정신: 윤리」로 국한된다. 『법철학』에서 그것은 3부 「윤리」 1장 「가족」으로 국한된다. 『정신현상학』에서 묘사되는 고대 세계에서 헤겔이 단지 자유로운 여성, 즉 남성 시민의 부인이거나 그렇게 될 여성에게만 초점을 맞추고 노예 여성은 무시한다는 데 주목할 필요가 있다. 마찬가지로 『법철학』에서 묘사되는 현대 세계에서 그는 기독교적 유럽의 백인 부르주아 여성, 남성 시민의 부인에게 초점을 맞추고 여성들 사이의 모든 차이를 무시한다.

차이를 인정할 수 있는 철학적 체계를 창조하려고 시도하면서 헤겔은 성들 사이의 상보적 성격을 고집하고 '[부르주아 시민사회 및 국가와] 분리되어 있지만 [그 내부에서는] 평등한'(separate but equal) 영역[가족]에 대한 이론의 맥락에서 성적 차이를 주장한다. 그는 각각의 성이 윤리적 의식의 상보적이면서도 차이가 있는 측면을 대표한다고 주장한다. 이런 차이의 결과로 여성과 남성은 다른 생활 영역을 차지한다. 여성과 그녀가 대표하는 모든 것은 가족이라는 사적 영역에 국한되어 [부르주아 시민사회와 국가라는] 공적 영역의 외부에 남아 있다. 따라서 공적 영역에서 발생하는 인간적 의식 또는 주체성의 전개는 남성으로 제한되는 성적으로 특수한 것이다.

『정신현상학』과 『안티고네』

처음 두 논문은 『정신현상학』에서 헤겔이 제시한 '공동체의 영원한 아이러니'라는 여성의 표상을 부연한다. 공동체에 본질적이지만 그러나 그것에 의해 억압되는 특수성의 계기로서 가족을 대표하는 여성은 비기독교적인 고대 세계에서 남성의 정치생활의 영역인 폴리스를 위협하는 교란적 또는 전복적 원리가 된다.

먼저 벤하비브의 헤겔 독해는 페미니즘 이론의 '이중화된 시각(vision)', 텍스트가 여성에 대해 명시적으로 말하는 것에 대한 시각과 동시에 텍스트가 여성에 대해 은폐하는 것에 대한 시각을 유지한다.10) 헤겔에 대한 분석의 서설로서 그녀는 정경을 페미니즘적으로 다시 독해하는 세 가지 상이한 방식, 즉 '좋은 아버지의 가르침', '반역하는 딸의 외침', '권력부여(empowerment)를 위한 페미니즘적 담론'이라는 방식을 묘사한다.

'좋은 아버지의 가르침'은 주류 자유주의 페미니즘의 독해를 가리키는데, 이것은 계몽주의 남성 철학자의 성차별주의를 불행한 역사적 우연으로 간주한다. 따라서 여성의 평등을 위한 투쟁을 도와주는 수단으로서 그의 저작에 대한 재전망/수정(re-vision)을 통해 이 '아버지'가 복권된다. '반역하는 딸의 외침'은 (라캉의 영향을 받은) 독해를 가리키는데, 이것은 팔루스-로고스중심주의적 담론의 이원론적 대립을 전복시키기 위해 철학자의 텍스트의 주변에서 여성의 목소리를 찾는다. '권력부여를 위한 페미니즘적 담론'은 벤하

10) Seyla Benhabib, "On Hegel, Women, and Irony". 출전: Mary Shanley and Carole Pateman, eds., *Feminist Interpretations and Political Theory*, The Pennsylvania State University Press, 1991. 페미니즘 이론의 '이중화된 시각'과 관련하여 벤하비브는 켈리-가돌을 발전시킨다. Joan Kelly-Gadol, "The Social Relation of the Sexes: Methodological Implications of Women's History", *Signs: Journal of Women in Culture and Society*, Summer 1976; reprinted in *Women, History and Theory*, University of Chicago Press, 1984.

비브가 자신의 논문에서 채택하는 접근법이다. 그녀가 처음 두 접근법과 관련하여 어떤 페미니즘 이론가도 거명하지는 않지만, 이 논문집의 필자 중 약간이 다양한 유보 조건 속에서 그녀의 도식에 들어맞는다고 말할 수 있을 것이다. 그러나 더 중요한 점은 이 논문집에서 제시된 헤겔 독해는 그녀의 도식이 너무 협소하다는 사실을 드러낸다는 것인데, 대부분의 독해가 그것의 경계 너머에 있기 때문이다.

헤겔의 정치사상에 대한 벤하비브의 비판의 핵심은 이성애적 관계와 여성의 종속에 대한 그의 견해의 전개, 그의 변증법적 '대립의 논리'에 따르는 전개에 초점을 맞춘다. 헤겔의 후기 저작에서 출현하는 사랑, 결혼, 성적 차이에 대한 보수주의적 관점을 해명하기 위해 그녀는 그의 초기 저작을 탐구한다. 그녀는 「사랑」(1797-98)에 대한 단편에서 제시되는 성과 사랑에 대한 낭만주의적 명상을 (프리드리히 슐레겔의 유토피아적 소설인) 『루신데』(*Lucinde*)의 자유결합을 비난하는 『법철학』(1821)의 방주(旁註, marginal note)와 비교하여 분석한다. 이런 텍스트의 비교 분석은 『정신현상학』(1807)에서 제시되는 안티고네에 대한 검토로 귀결된다. 벤하비브는 여성이 아이러니 또는 우연과 함께 헤겔 변증법의 역사적 전진의 희생이고 그 화해의 전망은 "이미 오래 전에 설득력을 상실했다"고 결론짓는다.

그 희생자인 여성의 생활을 복권시킴으로써 "변증법에 아이러니를 복원할" 필요가 있다고 주장하면서 벤하비브는 여성에 대한 헤겔의 견해를 그 역사적 맥락에 위치짓는다. 그녀는 헤겔과 동시대의 독일 여성, 여성 해방의 선구자인 여성 몇몇을 묘사한다. 특히 슐레겔의 부인이었다가 셸링의 부인이 된 카롤리네와 카롤리네 폰 귄더로데가 소환되어 권력부여를 위한 페미니즘적 담론에 영감을 준다.

『정신현상학』에서 여성과 아이러니에 대한 두 번째 논문은 논쟁적인 프랑스 페미니스트 이리가레의 급진적인 해석이다.[11] 독자는 헤겔의 텍스트에서 전개되는 여성 개념에 대한 지식과 동시에 이리가레 자신의 복잡다단한 철학에 대한 친숙함을 동시에 요구하는 그녀의 논문이 난해하다고 생각할 것이다. 헤겔의 텍스트에 대한 치밀한 독해를 제시하면서 그녀가 전통적인 논증 형태를 기각하고 대신 [남성이라는 동일자의 타자로서가 아니라] 여성으로서 타자의 장소에서 '과장되게' '히스테리컬하게' 말한다는 사실에 의해 곤란은 증폭된다. 이리가레의 철학에 친숙하지 않은 독자를 고려해서 헤겔 독해를 통해 그녀가 시도하고 있는 것을 해명하기 위한 몇 가지 배경적 정보를 제시하겠다.

이리가레의 헤겔 독해가 페미니즘 이론에 대해 갖는 중요성은 『정신현상학』에서 제시되는 여성 개념에 대한 근본적인 도전에 있을 뿐만 아니라 또한 이리가레의 이론화가 보부아르의 철학에 대해 갖는 관계에 있기도 하다. 쇼어가 강조하는 것처럼, 보부아르와 이리가레 양자에게 페미니즘의 중심적 관심은 "주체성으로부터 여성의 망명(exile)"이기 때문이다.[12] 그녀들은 가부장제 내부에서 주체는 배타적으로 남성이라는 확신과 가부장제적 지배에 도전하려면 여성이 주체의 위치로 이동해야 한다는 신념을 공유한다. 그러나 이런 공통성은 심오한 이견을 드러내는데, 보부아르와 이리가레가 동일한 주체에 대해 말하고 있는 것이 아니기 때문이다.

보부아르의 철학에서 주체는 이미 지적한 것처럼 헤겔적인 (동시에 사르트르적인) 주체다. 그것은 타자와의 능동적(active, 활동적) 투쟁을 통해 태어난 주권적이고 초월적인 주체다. 이런 설명에서 여성은 '보편적' 주체의 특권에 완전하게 참여하기 위해 내재성에서 탈출해야 한다. 반면 이리가레의 주체는 포스트-사르트르적이고 '포스트모던적'인 프랑스 사상의 주체인데, 그 자체로서 그의 주

---

11) Luce Irigaray, "The Eternal Irony of the Community". 출전: L. Irigaray, *Speculum of the Other Woman* (1974), Cornell University Press, 1985.

12) Schor, "This Essentialism", p. 45. 보부아르와 이리가레 사이의 관계에 대한 나의 설명은 대부분 쇼어의 강력하고 또 중요한 주장을 요약하는 것이다.

요한 속성은 활동(activity)이 아니라 언어다. 따라서 이리가레의 설명에서 여성은 주체성을 달성하기 위해 '여성으로서 여성에 대해 말해야'(*parler-femme*)한다. 그리고 말하는 여성은 여성적 특수성의 언어를 말함으로써 헤겔적인 보편적 주체 개념을 전복한다.

이리가레와 보부아르가 여성의 주체성에 대해 근본적으로 상이한 이론을 제시하지만, 그러나 그것들을 동일한 문제의 두 측면을 결합하는 것으로 이해할 수 있다는 점에 주목할 필요가 있다. 즉 보부아르가 '타자화'(othering)의 과정, 여성이 타자 또는 제2의 성으로 고정되는 방식을 분석한다면, 이리가레는 '동일화'(saming)의 과정, 타자로서의 여성이 결코 [진정한] 타자가 아니라 단지 결함 있는 남성으로 생성되는 방식을 해명한다고 말할 수 있는 것이다.

이리가레에게 동일화는 서양 사상에 충만한 동일성의 논리다. 그것은 타자성에 대한 개념화가 단지 사이비 차이, 외양적 차이의 출현만을 허용할 따름인 논리다. 이리가레에 따르면, 동일성의 논리에서 타자로서 여성은 진정하게 타자인 것이 아니라 단지 남성의 전도된 또는 결함 있는 모상일 따름이어서 부재·결함·결여의 관점에서 부정적으로만 정의된다. 여성은 페니스[팔루스]가 '없을' 뿐만 아니라 또한 이 때문에 이성[로고스]의 능력도 감소되었다고 말해진다. 가부장제적 사고의 형이상학적 이원론에서 '여성' 개념은 여성에게 특수한 모든 것을 사고되지 않고, 말해지지 않으며, 상징화되지 않은 채로 방치한다.[13)]

타자화에 대한 보부아르의 분석이 "대상화된 타자의 속성으로서 그녀에 대한 억압을 정당화하는 차이를 부여한다면", 이리가레가 묘사하는 동일화의 과정은 "대상화된 타자에게 그녀의 차이에 대한 권리를 부정한다".[14)] 이제 페미니즘 이론에 대한 도전은 보부아르와 이리가레, 타자화와 동일화를 함께 사고함으로써 '여성'을 사고

13) Margaret Whitford, *Luce Irigaray: Philosophy in the Feminine*, Routledge, p. 5.
14) Schor, "This Essentialism", p. 45.

한다는 도전이 된다.[15]

보부아르에게 반대하여 이리가레는 여성적 차이를 부정성이 아니라 오히려 긍정성으로 이해할 것을 주장한다. 이것은 '여성 문제'를 '여성의 문제'(a question of woman), 여성 자신에 의해 제기되는 자기이해와 자기창조의 문제로 다시 정의하는 기축적 전환이다. 이런 맥락에서 이리가레는 여성이 자신의 고유한 생리학 때문에 액체/액체성(fluids/fluidity), 유동적(in flux)이며 비동일적인[동일성에 고정되지 않은] 것과 특수한 관계를 맺는다고 주장한다. 여성성에 대한 자신의 철학에서 여성의 육체를 고려한다는 그녀의 주장 때문에 어떤 포스트모던 이론가[더 일반적으로 말하자면 대부분의 젠더 페미니스트]는 이리가레의 '본질주의'를 고발해 왔다. 그녀의 작업이 보부아르에 의해 아주 설득력 있게 반박되었던 성과 젠더의 동일성으로 복귀했다는 것이다. 이런 고발에 대해 몇몇 이론가들은 이리가레의 뉘앙스에 대해 좀 더 주목하는 독해를 요구했다. 이것이 중요한 논쟁이기는 하지만, 여기서 해결될 수는 없다.[16] 나는 단지 그녀의 헤겔 독해에서 이리가레가 액체/액체성에 대한 여성의 관계를 모든 남성적인 철학적 구성의 토대인 바 상징화되지 않은 모성-여성성의 일부로 이해한다는 점을 강조하고 싶다.[17]

이리가레에게 팔루스-로고스중심주의적인 형이상학에 의해 억압되거나 또는 부정되어 왔던 모성-여성성-액체성은 성적 차이에 대해 말하기 위해 복권되어야 하는 것이다. 따라서 『정신현상학』에 대한 그녀의 독해에서 '여성으로서 여성에 대해 말하면서' 이리가레는 피에 대한 비유를 통해 헤겔적 여성성에 대한 정신분석학적 독해로 우리를 인도한다. 이리가레에게 남성과 여성의 헤겔적 지양 또는 '차이 속의 동일성'은 신화다. 그것은 성적 차이, "붉은 피의

15) *Ibid.* 쇼어는 페미니즘 이론이 타자화와 동일화가 공모하여 여성을 억압하는 방식을 함께 사고할 필요가 있다고 주장하면서도, 또한 그것이 난해하고 또 어쩌면 불가능한 과제라는 사실에도 주목한다.

16) 쇼어는 논쟁에 대한 훌륭한 설명을 제시한다.

17) Whitford, *Luce Irigaray*, p. 7.

권력"을 표상하는 여성의 억압(repression)으로부터 창조된다.

『정신현상학』에서 제시되는 남성과 여성 사이의 이상적[관념적] 관계는 안티고네의 신화에서 발견되는 남매 사이의 (성적 욕망과 무관한) 관계다. 이리가레에게 중요한 것은 (가모장제적인) 피의 유대의 수호자인 안티고네가 그녀의 오빠 폴리네이케스(폴리니세즈) 때문에 죽는 누이동생이라는 것이다. 따라서 남성과 여성 사이의 이상적 관계는 여성에게 그녀의 생명의 피, 본래 그녀를 어머니와 연결시키는 붉은 액체를 대가로 지불하게 하는 관계다. 월경(月經)에서 여성의 피의 상실은 모성-여성성의 이런 희생, 헤겔의 철학에서 남성적 주체성의 실현을 위해 요구되는 동시에 부정된다고 이리가레가 주장하는 희생을 상기시킨다.

그러나 여성의 출혈에 의해 구성되는 이런 남성적 주체성은 '핏기 없는'(bloodless) 것이 된다. 여성의 생명의 피를 여성의 특수성을 부정하는 '동일화'의 과정으로 동화하는 것은 빈혈증의 병든(sickly) 남성적 주체를 창조할 따름이다. 그러나 여성은 공동체의 아이러니로서, 억압된 무의식적 실체/액체로서 살아가면서 갑자기 폭발하여 모성적-여성적 붉은 피의 권력을 표현한다. '억압된 것이 복귀하는' 이런 계기에 여성의 차이는 가부장제를 교란시키고 남성적 공동체와 공허한 보편성의 남성적 주체성을 위협한다.[18)]

이리가레는 『거울』(*Speculum*)에서 주체성으로부터 여성의 망명이 자신의 어머니와의 외디푸스 이전의 관계, 붉은 피뿐만 아니라 또한 자궁의 액체/액체성에 의해 양육되는 관계로부터의 망명에서 시작된다는 데 주목한 바 있다. 따라서 주체성으로 생성되는 여성에 대해 말하는 것은 이런 액체적 관계의 충만함을 상기시키는 것이기도 하다. 이것은 어머니와 딸의 단순한 '동일성'이 아니라 오히

18) 이 책에 실린 논문[각주 29) 참조]에서 라벤은 『정신현상학』에서 여성에 대한 이리가레의 독해를 주인과 노예의 변증법의 개조로 해석한다. 그러나 휘트포드는 이런 해석에 반대하는데, 이리가레가 주인-노예의 관계와 달리 남성-여성의 관계에서는 남성과 여성의 위치가 본질적으로 반전될 수 없다고 간주하기 때문이다. *Ibid.*, pp. 120, 183-4를 참조하시오.

려 여러 세대의 여성이 계보에 따라 나선형으로 진입하고 퇴출하는 '과잉적'인 가모장제적 동일화로 귀결된다.

『정신현상학』과 『법철학』에서 『안티고네』

이리가레의 논문에 이어지는 나의 논문은 헤겔의 철학에 대한 내재적 비판, 『정신현상학』과 『법철학』에서 제시되는 소포클레스의 『안티고네』에 대한 그의 생략적 검토에서 발견되는 모순들을 분석하는 비판이다.[19] 나는 프랑크푸르트 학파의 비판이론가 중 한 사람인 아도르노의 저작을 원용하여 헤겔을 독해한다. 나의 비판에서 '공동체의 영원한 아이러니'로서 여성에 대한 관심은 헤겔의 도식에서 여성을 주체성으로부터 배제하는 욕망과 인정 사이의 관계에 대한 설명으로 포섭된다.

나는 『안티고네』에 대한 헤겔의 해석이 그의 체계에서 여성의 역할을 이해하는 데 기축적이라고 주장한다. 『정신현상학』과 『법철학』에서 그는 이 비극에 매혹되는데, 이것은 가족의 윤리가 고대 세계와 현대 세계에서 여성의 고유한 책임임을 예증하는 데 봉사한다. 『정신현상학』에서 안티고네의 이야기는 보편성과 특수성, 남성과 여성 사이에서 분할된 세계로서 비기독교적인 고대 세계에 대한 역사적으로 특수한 설명의 맥락에서 제시된다. 여기서 안티고네와 폴리네이케스, 누이동생과 오빠 사이의 관계는 여성과 남성 사이의 이상적 관계로 간주되는데, 이는 이 관계가 성적 욕망으로부터 자유롭기 때문이다. 그런데 놀랍게도 『법철학』에서 안티고네는 고대 세계의 처녀 누이동생이 아니라 초역사적인 '부인'의 이상을 대표하게 된다. 이 후기 저작에서 그녀는 '가족적 경건성(piety)', 현대 세

19) Patricia Mills, "Hegel's *Antigone*". 출전: *The Owl of Minerva*, Spring 1986; reprinted in *Woman, Nature, and Psyche*, Yale University Press, 1987 (약간 수정됨).

계에서 성적 욕망을 초월한다고 말해지는 부인과 남편 사이의 관계의 윤리적 순수성의 상징으로 원용된다.

『안티고네』에 대한 헤겔의 검토에서 나타나는 생략과 괴리는 그가 자신의 변증법적 공식을 위해 이 비극을 (잘못) 활용하는 방식에서 나타나는 것으로 간주될 수 있다. 내가 주목하는 가장 현저한 두 가지 생략은 안티고네의 자살과 그녀의 여동생 이스메네와의 관계다. 비극에 대한 재해석을 통해 나는 안티고네의 행동이 헤겔 체계 내에서 '여성의 위치'를 초월하는 것임을 증명한다. 나는 여성이 대표하는 차이를 부정하고 그녀가 자기의식에 접근하는 것을 부정하는 헤겔의 지양 개념을 전복시키는 것으로 안티고네를 이해할 수 있는 방식에 대해 상세하게 검토한다. 헤겔이 설정하는 여성에 대한 제한은 여성에 대한 지배뿐만 아니라 또한 동일성의 논리의 폐쇄된 체계로서 그의 변증법적 철학의 제한도 드러낸다. 이 때문에 우리는 변증법적 논리에 대해 다시 사고할 수밖에 없는데, 이는 여성이 대표하는 차이에 대해 개방적인 아도르노의 부정적 변증법으로 우리를 인도한다.

『법철학』과 『루신데』

데리다의 해체적 전환에 영향을 받은 크렐은 헤겔의 『법철학』의 주변에서 텍스트의 '과잉' 또는 파편을 탐색한다.[20] 텍스트의 주변, 방주 또는 과잉에 대해 다시 사고하는 것은 (성적) 차이를 강조하는 포스트모던적 정경 독해에서 중요하다. 이런 전략은 텍스트에 중심적인 것 또는 '내부적'인 것과 주변적인 것 또는 '외부적'인 것 사이의 구별에 대해 문제를 제기한다. 텍스트의 '타자'로서 주변은 어떤 텍스트도 총체화할 수 없다는, 모든 '타자'를 포섭할 수 없다

20) David Krell, "Lucinde's Shame: Hegel, Sensuous Woman, and the Law". 출전: *Cardozo Law Review*, 1989 Nos. 5-6 (수정본).

는 무능력을 드러낸다. '외부' 또는 주변에 남아 있는 것(즉 성적 차이)은 텍스트를 '탈중심화'하고 주변과 중심 사이의 구별뿐만 아니라 또한 모든 위계적인 이원론에도 도전한다. 따라서 '주변적' 독해는 서양의 팔루스-로고스중심주의의 모든 이원론적 대립을 '초과함'으로써 그것을 전복시킨다고 말해진다.

크렐은 벤하비브와 마찬가지로 『법철학』의 주변에서 루신데라는 문학적 인물, 아프로디테와 안티고네의 중간적 인물을 발견한다. 그의 독해는 독어 텍스트를 대상으로 하며 영어 번역본에는 포함된 적이 없는 『루신데』에 대한 헤겔의 방주에 초점을 맞춘다. 크렐은 헤겔이 정신이 '살아있기'를 바란다는 것을 상기시키면서 시작한다. 살아있는 정신은 이성적인 동시에 감각적인 정신인데, 그것은 크렐이 '감성(sentience), 감수성(sensibility), 감각성(sensuality, 관능성)'의 체현으로서 여성과 연결시키는 정신 개념이다. 그러나 크렐의 주장에 따르면, 감각적 여성으로서 루신데는 헤겔이 그녀가 대표하는 것을 요구하는 동시에 통제하고자 하는 [자신의] 철학 체계 내부에 그녀를 '위치시키려고' 시도할 때 그를 교란시키고 불안하게 만든다.

주변의 중요성을 어떻게든 부각시키려고 크렐은 슐레겔이 1799년에 발표한 어떤 남성과 연상의 여인 사이의 '자유결합'에 대한 '스캔들적인 소설' 『루신데』를 상세하게 검토한다. 크렐은 연하의 연인에게 몰두하는 루신데가 안티고네보다 더 '여신의 법', 아프로디테의 법으로서 '여성의 법'을 대표한다고 주장한다. 연인으로서 여성은 자유롭게 자신의 욕망에 헌신함으로써 그녀를 한 장소에 고정시키려고 시도하는 헤겔 체계에 복종하기를 거부한다. 안티고네처럼 자살하기를 원치 않으면서 루신데는 살아남아 헤겔의 체계를 괴롭힌다. 욕망을 통제하려는 결혼 및 가족의 법을 붕괴시킴으로써 이성의 지배를 전복시키는 정념적인 투신의 대표자로서 말이다.

크렐에 대한 논평에서 올센은 그가 감각적 여성의 대표자로서 루신데가 "헤겔의 사변적 체계 전체를 위험에 빠트렸다"는 것을 증명한다고 말한다.[21] 그러나 올센은 크렐이 루신데를 자신을 “자유롭게” 헌신하는 정념적 연인으로서 남성과 평등한 위치로 승격시킨 것에 대해 의문을 제기한다. 그녀는 여성에 대한 이런 표상을 남성의 환상, 가부장제적 지배의 현실성을 은폐하는 여성의 평등성에 대한 몽상으로 간주한다. 올센은 헤겔이 루신데를 남성 유혹자의 여성 희생자와 결부시킨 것을 언급하면서 당대의 시각에서 성적 평등이라는 질문을 제기한다. 즉 ‘자유결합’은 여성의 희생으로 이해된다는 것이다. 남성의 지배라는 성적 위계를 토대로 하는 사회에서 여성은 남성과 평등하지 않다. 남성 연인은 여성 연인이 사회적 관습에 도전함으로써 지불해야 하는 사회적 그리고/또는 감정적 대가를 지불하지 않는다는 것이다. 올센은 오스틴(Jane Austen)과 브론티(Brontë) 자매가 창조한 문학적 여성상, 여성에 대한 남성의 환상에 딱 들어맞지 않는 여성상에 대해 언급하면서 크렐의 독해에 대한 그녀의 논평을 결론짓는다.

『미학』과 여성성

헤겔의 『미학』에 대해 검토하는 두 개의 상이한 논문은 모두 포스트모더니즘/포스트구조주의 이론의 영향을 받은 것이다. 첫 번째 논문은 쇼어의 것인데, 그녀는 ‘여성성’의 개념화와 관련되는 헤겔의 미학적 범주로서 ‘디테일’(detail)에 초점을 맞춘다.[22] 두 번째 논문은 클라크의 것인데, 그는 헤겔의 철학에서 미학적 창조와 모성 사이의 관계를 탐구한다.[23]

21) Frances Olsen, "Hegel, Sexual Ethics, and the Oppression of Women: Comments on Krell's 'Lucinde's Shame'". 출전: *Cardozo Law Review*, 1989 Nos. 5-6 (수정본).

22) Naomi Schor, "Reading in Detail: Hegel's *Aesthetics* and the Feminine". 출전: N. Schor, *Reading in Detail: Aesthetics and the Feminine*, Routledge, 1987.

무시되고 있지만 중요한 저작인 『미학』은 난해한 텍스트인데, 1820년대에 베를린에서 헤겔이 행한 일련의 강의를 학생들이 필사한 노트를 수록한 것으로 헤겔이 사망한 이후 1835년에 출판되었다. 이 강의에서 헤겔이 시도하고 있었던 것은 자연적 미와 구별되는 이상으로서 예술적 미에 대한 철학을 전개하는 것이었다. 미학적 의식의 변증법적 전개의 관점에서 예술의 역사를 개관하면서 헤겔은 예술의 세 개의 형태, 즉 상징적 형태, 고전적 형태, 낭만적 형태를 묘사한다. 그런 다음 그는 이런 예술의 세 가지 보편적 형태를 특수한 예술, 즉 건축, 조각, 회화, 음악, 시와 결부시킨다.

헤겔의 『미학』에 대한 쇼어의 독해는 19세기 예술에서 미학적 범주로서 디테일에 대한 "페미니즘적 고고학"이라는 그녀의 작업의 일부다.[24] 그것은 디테일에 대한 현재의 문화적 정당화, 즉 보편성에 대한 특수성의 특권화로부터 출현하는 연구다. 쇼어는 성적 차이를 지시하지 않고, 즉 "디테일이 여성적인 것으로 성별화되는" 복잡한 "과잉결정적" 과정을 지시하지 않고 디테일을 이해할 수는 없다고 주장한다. 『미학』에 성적 차이에 대한 지시가 거의 없다는 사실에 주목하면서 쇼어는 이런 생략이 헤겔의 관념론적 미학 이론이 성적으로 중립적임을 의미하지는 않는다고 주장한다. 반대로 이 저작에서 "부정성으로서 디테일"을 "여성성"과 암묵적으로 또 반복적으로 결부시키는 것은 헤겔이 더 광범한 여성혐오의 담론에 동참한다는 것을 특징짓는다. 따라서 헤겔의 "디테일의 지양 또는 승화"는 여성과 여성적인 모든 것을 제한하려는 조처임이 드러난다.

쇼어는 『미학』에 대한 독해를 디테일이 여성적인가라는 질문을

---

23) Eric Clarke, "Fetal Attraction: Hegel's An-aesthetics of Gender". 출전: *differences: A Journal of Feminist Cultural Studies*, 1991 No.3 (수정본).

24) 쇼어의 독해는 푸코에게서 단서를 발견하는데, 그는 담론 형성에 대한 초기의 연구를 '고고학'이라고 부른다. Michel Foucault, *The Archaeology of Knowledge*, Harper, 1972. 그는 디테일의 역사를 집필할 것을 요구하기도 한다. M. Foucault, *Discipline and Punish: The Birth of the Prison*, Pantheon Books, 1977.

중심으로 조직한다. 이것은 본질주의라는 문제를 부각시키는 질문이다. 즉 전통적으로 디테일이 여성성 및 "평가절하"와 결부되어 왔지만, 그러나 디테일이 과연 여성적인가라는 질문은 아직 남아 있다는 것이다. (여성은 남성보다 특수성의 일상 세계, 내재성의 세계를 더 토대로 삼는가? 여성의 예술은 남성에 의해 생산된 예술보다 가정(家庭)적인 그리고/또는 장식적인 디테일에 더 많은 관심을 보이는가?) 이 질문에 대한 답변의 맥락에서 쇼어는 헤겔의 『대논리학』(1812-16)에서의 디테일에 대한 루카치의 연구를 비판적으로 영유함으로써 페미니즘적인 "차이의 미학"을 전개하기 시작한다.

여성성에 대한 쇼어의 독해는 페미니즘적 고고학, 포스트모더니즘의 전략에 의해 영향을 받은 페미니즘적 독해다. 그러나 어떤 페미니스트들은 포스트모더니즘적 또는 언어적 전환이 페미니즘 이론의 전개에 중요하다고 생각하는 반면, 다른 페미니스트들은 그것에 대해 회의적이다. 일부 페미니스트들은 과도한 지식인주의, 즉 페미니즘적 실천과 유리된 '순수한' 이론을 창조하고 있다고 간주되는 포스트모던 페미니즘의 현재의 헤게모니에 대해 우려하고 있다. 일부 페미니스트들은 포스트모더니즘의 상대주의로 간주되는 것에 대해 경계하고 있다. 또한 일부 페미니스트들은 이런 전환을 급진적인 명목론의 전개로 간주하고 있는데, 역사적 여성이 포스트모더니즘적 담론의 실천에서 제거됨으로써 여성의 생활의 경험적 현실에 대한 분석이 배제되기 때문이다. 또 다른 페미니스트들은 '[남성적] 주체의 죽음' 이후에 작업하는 남성 이론가가 '새로이 태어난 여성', 즉 여성의 목소리를 통해 개념화되는 주체를 포섭하려는 시도로 간주되는 포스트모더니즘의 전략에 반대한다. 포스트모던한 '여성성'에 대해 말하는 것이 '여성의 경험'에 대한 관련을 요구하는 것은 아니기 때문에, 즉 '여성', '여성들', '경험'이 '본질주의적' 범주로서 삭제되는 동시에 성과 젠더가 범주적으로 활용되기 때문에 이런 포섭이 가능하다. 언어가 경험을 구성한다고 주장하는 포스트모더니즘 이론가는 '여성의 육체' 또는 '여성의 경험'에 대한 페미니즘적 원용을 순진한 본질주의로 기각하면서 포스트페미니즘적 포스트모더니즘, 즉 페미니즘 이론의 핵심에서 사회적·정치적 활동을 거부하는 것으로 간주되는 '여성 없는 페미니즘'을 창조한다.[25] 페미니즘과 포스트모더니즘 사이의 관계에 대한 논쟁에서 제기되는 문제를 여기서 해결할 수는 없다. 헤겔의 『미학』에 대한 두 번째 논문을 검토하기 위해 이 문제는 미해결로 남겨두어야 한다.[26]

클라크는 헤겔이 『철학백과사전』(1817)에서 서술한 것, 특히 『자연철학』과 『정신철학』의 렌즈를 통해 『미학』을 독해한다. 클라크는

---

25) 나는 경험이 언어에 선행하는 동시에 그것을 초과하지만, 그러나 경험을 의식하기 위해서는 [언어를 통해] 이름을 붙여야 한다고 주장하고 싶다. 따라서 이름이 경험의 직접성[무매개성]을 포착할 수는 없지만(말해진 것은 경험과 동일한 것이 아니다), 우리는 경험을 의식하기 위해서 그것에 이름을 붙인다. 이름을 붙이지 않는다면, 경험은 단지 경과되거나 인내될 따름이다. 경험을 인식할 수 있도록 그것에 개념을 결부시킨다면, 우리는 비판이론으로서 철학의 재발견으로 인도될 것이다. 여기서 여성운동이 표현되지 않았거나 아니면 이름이 잘못 붙여진 경험(예를 들어, 낙태와 전시 강간)에 이름을 붙이면서 시작되었음을 기억하는 것이 중요하다. 경험에 이름을 붙이는 것은 의식화(consciousness-raising) 과정에 중심적이었고 아직도 그렇다. 경험과 언어 사이의 관계에 대한 통찰력 있는 설명은 L. Alcoff, "Are 'Old Wives' Tales' Justified?", in Linda Alcoff and Elizabeth Potter, eds., *Feminist Epistemologies, Routledge*, 1993을 참조하시오.

26) 페미니즘/포스트모더니즘 논쟁은 예를 들어, Seyla Benhabib, Judith Butler, Drucilla Cornell, and Nancy Fraser, *Feminist Contentions: A Philosophical Exchange*, Routledge, 1995; Linda Nicholson, "Introduction", in L. Nicholson, ed., *Feminism/Postmodernism*, Routledge, 1990; Tania Modleski, *Feminsm without Women*, Routledge, 1991; L. Alcoff, "Cultural Feminism versus Post-Structuralism: The Identity Crisis in Feminist Theory", *Signs: Journal of Women in Culture and Society*, 1988 No. 3; Sonia Kruks, "Gender and Subjectivity"; Sandra Bartky, "Sympathy and Solidarity: On a Tightrope with Scheler", in Diana Meyers, ed., *Feminists Rethink the Self*, Westview, 1995; L. Alcoff, "The Politics of Postmodern Feminism, Revisited", manu., 1995; bell hooks, "Postmodern Blackness", in *Yearning: Race, Gender, and Cultural Politics*, South End, 1990을 참조하시오. '새로이 태어난 여성'은 Hélène Cixous and Catherine Clément, *The Newly Born Woman*, University of Minnesota Press, 1986의 제목에서 차용한 것이다.

『미학』에서 "여성"과 예술적 창조 사이의 관련을 완전하게 평가하기 위해서는 헤겔이 『철학백과사전』에서 "성/젠더 동어반복"을 창조하는 방식을 검토해야 한다고 주장한다. "여성"이라는 범주가 헤겔 철학의 "구심력적 주변성"을 차지하고 있다는 클라크의 주장에서 포스트모더니즘적 전략의 영향을 발견할 수 있다. "여성"은 "아주 주변적이기 때문에 역설적으로 중심적"이라는 것이다.

클라크는 먼저 『자연철학』에서 인간의 재생산에 대한 헤겔의 개념화를 검토하는데, 이것은 아리스토텔레스의 개념화를 연상시킨다. 즉 남성은 "정신" 또는 "주체성"을 제공하는 반면, 여성은 수동적으로 태아의 전개를 위한 "물질"을 제공한다는 것이다. 『정신철학』에서 이런 "자연적" 차이는 여성을 자연과 연결시키고 남성을 정신과 연결시키는 논리적 규정이 된다. 그러나 동시에 헤겔은 태아기 모성의 중요성에 대해 주장한다. 어머니-태아의 관계는 어머니의 육체적/정신적 영향이 유아의 육체에 "모반"(birthmark)으로 나타나는 유동적 동일성의 관계로 간주된다. 따라서 『철학백과사전』에 대한 클라크의 독해는 헤겔의 분석을 개조한다. 여성의 어머니와 태아로의 분할은 자연이 아니라 자기소외를 경험하는 정신의 능력과 결부된다는 것이다.

예술적 창조에 대한 검토라는 맥락에 모성에 대한 헤겔의 이해를 설정하면서 클라크는 여성성과 모성이 헤겔의 거대한 도식에서 열등한 요소로 남아 있는 반면, 모성은 예술의 남성적 이상, 즉 예술적 천재의 작품에 의미를 부여한다고 주장한다. 따라서 그는 "여성과 그녀의 출산 능력에 대한 부정과 동시에 영유"를 통한 "이중화", 즉 『미학』의 두 가지 텍스트로의 분할이 존재한다고 주장하는 것이다. 게다가 여성성-모성의 이런 "모순적 전개"는 교란적인데, 그것은 헤겔의 변증법적 전진 개념을 불안정하게 만들고 [결국] 붕괴시킨다는 것이다.

재생산, 결혼, 가족

『미학』에 대한 두 편의 논문에 이어서 우리는 재생산, 결혼, 가족에 대한 헤겔의 설명의 어떤 측면을 재전망/수정하는 네 편의 논문을 수록한다. 캐나다 페미니스트인 오브라이언의 첫 번째 논문은 헤겔 철학에서 모성과 부성의 변증법에 초점을 맞춘다는 점에서 클라크의 논문과 연결된다.[27)]

오브라이언의 헤겔 독해는 나의 것과 마찬가지로 내재적 비판이다. 그러나 내가 아도르노의 비판이론의 렌즈를 통해 헤겔을 독해한다면, 그녀는 마르크스의 유물론의 렌즈를 통해 헤겔을 독해한다. 그녀는 인간의 재생산에 대한 헤겔의 관념론화된 초역사적 설명을 재구성하여 유물론적 인식론을 위한 기초로 만들어야 한다고 주장한다. 그녀는 계급투쟁의 패러다임인 『정신현상학』의 주인과 노예의 변증법을 검토하면서 그것이 [여성에 대한] 남성의 지배를 분석하는 데 부적합하다는 것을 발견한다. 그녀는 이제 『신학에 대한 초기 저작』(1795-ca.1800)과 『정신현상학』에서 제시되는 재생산관계에 대한 헤겔의 개념화에 주목한다. 여기서 그녀는 재생산과정이 변증법적으로 구조화되어 있음을 발견한다. 아이는 분리된 두 개인으로서 부모의 체현된[구체적] 통일성으로 간주된다는 것이다. 그녀는 임신을 단지 "자연적" 현상으로 묘사하는 인간 재생산에 대한 헤겔의 제한된 이해에 대해 변호한다. 그녀는 세련된 재생산 기술이 발전하기 전에는 재생산을 역사의 일부로, 즉 이성적 질서에 종속되는 것으로 간주하는 것이 불가능했다고 주장한다.

출생에 대한 페미니즘 철학을 전개하면서 그녀는 두 성의 "재생산에 대한 의식"을 분석한다. 그녀의 주장에 따르면, 남성에게는 성교에서 "그의 씨앗의 소외[양도]"가 존재하기 때문에 부성에 그림

27) Mary O'Brien, "Hegel: Man, Physiology, and Fate". 출전: M. O'Brien, *Reproducing the World: Essays in Feminist Theory*, Westview Press, 1989 (약간 수정됨).

자가 드리워진다. “부성의 확실성은 존재하지 않는다”는 것이다. 헤겔 철학에서 이것은 개념으로서 부성의 전개로 귀결된다. 즉 부성은 무매개적으로[직접적으로] 인식될 수 없기 때문에 개념화된다는 것이다. 반면 여성은 항상 자기 아이를 알아본다. 즉 모성의 불확실성은 존재하지 않는다는 것이다. 그러나 오브라이언에게 가장 중요한 것은 헤겔의 분석에서 위치를 발견하지 못하는 어떤 것인데, 그것은 여성이 출산의 노동이라는 매개를 통해 “그녀의 씨앗의 소외”, 즉 아이로부터 그녀의 분리를 극복한다는 사실이다.

헤겔에게서 모성과 부성에 대해 검토하는 오브라이언의 논문 다음에 『법철학』에서 결혼계약에 대한 페이트먼의 논문이 이어진다.[28] 페이트먼은 가족의 계약적 기원을 강조하기 위해 그것을 결혼과 구별하면서 시작한다. 그녀는 “성적 계약”(여성에 대한 남성의 가부장제적 지배의 이야기)이 사회계약과 결혼계약(남성과 여성이 평등한 “시민”임을 함의하는 계약)의 토대임을 폭로한다. 계약과 결혼에 대한 헤겔의 견해를 검토하면서 그녀는 하나의 수수께끼를 발견한다. 한편으로, 사회계약의 이론에 대한 격렬한 비판가인 헤겔은 순수하게 계약적인 동의로서 결혼에 대한 칸트의 설명에 반대하는데, 칸트의 입장은 윤리적인 사랑의 관계를 “상호적 유용성”의 관계로 강등시킨다고 간주된다. 다른 한편으로, 헤겔은 결혼의 기원이 “계약의 관점을 초월하는 계약”이라고 주장한다. [그러나 이 책에 실린 글에서 노울즈가 지적하듯이, “결혼의 기원은 계약이고, 그 목적은 계약의 지양이다”라는 것이 헤겔의 본래 주장이다.]

이런 헤겔의 수수께끼를 해명하기 위해 페이트먼은 먼저 결혼에 대한 칸트의 혼동스럽지만 영향력 있는 설명을 정리한다. 칸트는 여성이 (결혼)계약의 당사자가 되기 위해 필요한 “시민적 인격성”을 갖는다는 점을 가정하는 동시에 부정한다는 것이 증명된다. 결국 칸트는 여성을 남성의 소유의 역할로 설정함으로써, 즉 그녀를

28) Carole Pateman, "Hegel, Marriage, and the Standpoint of Contract". 출전: C. Pateman, *The Sexual Contract*, Stanford University Press, 1988.

인격이 아니라 대상, 사물로 만듦으로써 이런 혼동을 해결한다. 페이트먼에 따르면, 칸트에 대한 헤겔의 비판은 그들의 입장의 유사성을 모호하게 만들 따름이다. 즉 칸트와 마찬가지로 헤겔의 결혼계약은 그녀가 "남편의 가부장제적 권리"라고 부르는 것을 확보하는 데 관심을 가질 따름이다. 그 결과 헤겔은 결혼과 이혼에 대한 자신의 계몽된 견해에도 불구하고 여전히 여성이 "자연적으로" 종속되는 것으로 간주되는 남성 지배의 이야기일 따름인 성적 계약을 창조해낸다.

페이트먼은 마지막으로 19세기 초부터 지난 수십 년까지의 시기에 걸친 결혼계약의 법적·사회적 역사에 대해 간략하게 검토한다. 그녀는 결혼계약의 개혁을 위한 페미니즘적 주장이라는 맥락에서 이 역사를 검토한다. 그녀는 헤겔의 결혼계약에 존재하는 곤란과 남성 편향의 너머에서 그가 페미니즘이 주목해야 할 계약 이론에 대한 통찰을 제공한다는 것을 발견한다.

페이트먼의 논문 다음에 헤겔의 가족 개념에 대한 라벤의 논문이 이어진다.[29] 라벤은 전통적인 부르주아 가족에 대한 헤겔의 비판적 태도를 강조하면서 그것을 초월하는 경로를 탐색한다. 헤겔 철학을 포기하자고 제안하는 페미니즘적 독해를 거부하면서 그녀는 헤겔이 중요한 어떤 것을 페미니스트에게 말한다고 주장한다. 그녀는 여성과 가족이 헤겔적 변증법의 역사적 전진에서 무시되지만, 그것들이 "변증법적 자기비판의 과정을 통해 내재적으로 전개될 수 있는" 근거가 헤겔 철학의 내부에 존재한다고 주장한다.

라벤의 독해는 여성과 가족에 대한 헤겔의 보수주의적 견해 대신에 그의 "급진적 경향과 자유주의적 의도"를 강조한다. 그녀에 따르면, 헤겔을 20세기로 데려온다는 것은 여성이 완전히 인간적이고 이성적이라고 가정한다는 것을 필연적으로 의미한다. 이렇게 하면서 그녀는 그런 가정이 함의하는 인간적·사회적·가족적 해방에 대한

29) Heidi Ravven, "Has Hegel Anything to Say to Feminists?". 출전: *The Owl of Minerva*, Spring 1988.

신헤겔주의적 페미니즘 이론을 추구하려고 시도한다. 마지막으로 그녀는 '후기'에서 남성과 여성 사이의 관계를 헤겔의 주인과 노예의 변증법의 맥락에 위치지으려는 시도에 대해 반대한다.[30)]

스타렛은 라벤처럼 헤겔의 비판적 통찰로 간주되는 것을 평가절하하려는 페미니즘적 독해와 논쟁한다.[31)] 특히 그녀는 여성을 가족과 신의 법으로 제한하는 것을 단지 억압의 형태로 이해하는 독해를 반박한다. 대신 그녀는 스프레트낙(Charlene Spretnak)과 데일리(Mary Daly)의 작업에 초점을 맞추면서 페미니스트-영성주의/에코-페미니즘 운동에 대한 분석의 맥락에서 헤겔 철학을 다시 독해한다. 그녀는 가족과 신의 법으로의 여성의 제한에 대한 헤겔의 이야기는 또한 가족 개념이 급진화되어 죽은 자와의 유대를 통해 "드라마틱한 방식으로" 간(間)세대적이 되는 "비판적 관계"에 대한 이야기이기도 하다고 주장한다.

나아가 스타렛은 헤겔 철학에서 페미니즘 이론의 발전을 위해 중요하다고 간주되는 여성의 주체성의 형태를 추출함으로써 헤겔을 근거로 하는 차이의 페미니즘을 주장한다. 즉 여성은 가족적 경건성뿐만 아니라 또한 "공동으로 능동적"(co-active)인, 즉 "연결적인 (그리고 영성적인) 타자와-함께하는-존재(being-with-others)"인 가족적 관계도 체현하는 것으로 간주된다. 타자와의 유대를 통해 구성되는 여성의 주체성에 대한 이런 개념화는 남성의 개인주의적 자기에-대한-존재(being-for-self, 대자적 존재)의 반대물이다. 그러나 스타렛은 주의깊게 헤겔(또한 데일리)의 본질주의에 대해 경고한다. 그리고 그녀는 가족으로의 여성의 제한을 강화하는 모든 분석의 위험한 성격에도 주목한다. 그럼에도 불구하고 그녀는 헤겔의 재독해에 수반되는 위험이 페미니즘 정치에 제공되는 가능성에 의해 압도된다고 생각한다.

---

30) H. Ravven, "A Response to 'Why Feminists Should Take the *Phenomenology of Spirit* Seriously?'". 출전: *The Owl of Minerva*, Fall 1992.

31) Shari Starrett, "Critical Relations in Hegel: Woman, Family, and the Divine".

페미니즘적 의식화

마지막으로 론지와 브라운의 두 논문은 의식화라는 페미니즘의 정치적 실천에 대한 헤겔 철학의 관계에 초점을 맞춘다. 유사한 관심사를 공유하면서도 두 논문은 정반대의 독해를 제공한다. 론지는 여성을 주체의 위치로 설정하기 위해 "헤겔에게 침을 뱉자"고 제안하는 반면,[32] 브라운은 그녀가 헤겔의 교통 이론이라고 부르는 것을 페미니즘을 위해 복권시키고자 한다.[33]

이탈리아 페미니스트인 론지의 논문은 [2세대 페미니즘 초기인] 1970년에 출판된 논쟁적 저작이다. 유럽 페미니즘의 중요한 문서인 이 저작은 초기 여성해방운동의 [급진주의 페미니즘적] 논조를 유지한다. 그것은 직접적이고 비타협적이며 혁명적 정신의 긴박함으로 충만하다. 론지의 유명한 팜플렛은 이탈리아 페미니즘의 자기의식화(*autocoscienza*)라는 실천, 미국 페미니즘의 의식화와 유사하면서도 동일하지는 않은 과정에 대한 정보를 제공한다. 자기의식화는 여성의 차이를 강조하고 또 주체, 개인적인 동시에 사회적인 것으로 이해되는 주체로서 여성의 발견 및 (재)창조를 강조한다.[34]

론지의 헤겔 독해는 마르크스의 『공산주의자 선언』(1848)과 공명하지만, 그러나 그녀는 헤겔의 주인과 노예의 변증법과 결부되어 있는 그의 혁명 이론에 대해서는 비판적이다. 마르크스는 여성에 대한 억압을 경제적 착취와 혼동하므로, 그의 혁명 이론은 여성이 구체적 '여성'이 아니라 추상적 '노동자'로서 상품생산과정에 진입

---

32) Carla Lonzi, "Let's Spit on Hegel". 출전: C. Lonzi, *Sputiamo su Hegel: La donna clitoridea e la donna vaginale, e altri scritti*, Scritti di Rivolta Femminile, 1978.

33) Alison Brown, "Hegelian Silences and the Politics of Communication: A Feminist Appropriation".

34) 이탈리아 페미니즘 운동과 자기의식화 개념에 대한 검토는 Paola Bono and Sandra Kemp, *Italian Feminist Thought: A Reader*, Basil Blackwell, 1991, pp. 8-12; Milan Women's Bookstore Collective, *Sexual Difference*, Indiana University Press, Ch. 1을 참조하시오.

할 것을 요구한다. 이는 가부장제적 지배의 특수성을 부정하는 것이다. 론지는 이리가레의 작업을 예고하는 방식으로 마르크스를 재전망/수정함으로써 '여성 문제'를 혁명적 변혁의 "즉자-대자적(in and of itself) 수단이자 목적"으로 근본적으로 다시 정의한다.

여성의 억압과 관련해서 마르크스의 문제는 그의 헤겔 영유에서 기인하므로, 헤겔 철학은 성차별주의라고 비난된다. 론지는 "『정신현상학』은 가부장제적 정신의 현상학이다"라고 주장한다. 그러나 헤겔에 대한 격렬한 비난을 넘어 그녀는 그의 저작에서 가부장제적 사회의 파괴를 위한 공식, 즉 가부장에 반대하는 여성과 청년 남성의 혁명적 동맹을 발견한다. 여성이 가부장제적 가족을 기각하고 청년 남성이 전쟁 참여를 거부할 때 자유가 성취될 것이다.

론지는 여성이 자신을 주체의 위치, 오늘 우리가 팔루스-로고스중심주의라고 부르는 것에 의해 거부되었던 위치에 설정하는 사회적이고 상징적인 혁명을 추구한다. 이런 주체로서 여성은 주인과 노예의 변증법에 의해 "예상되지 않은" 주체, "그녀 자신의 초월성을 주장하는" 주체다. 이것은 (보부아르에게서처럼) 남성적 초월성의 모방일 따름인 것이 아니라 여성이 그것을 통해 역사를 (재)창조하는 "새로운" 초월성이다.

브라운은 헤겔에게서 "언어의 발생"에 대한 버틀러(Judith Butler)의 설명을 통해 헤겔이 페미니스트에게 말해야 할 것은 침묵과 교통의 정치에 관련된다고 주장한다. 브라운은 그녀가 헤겔의 "교통에 대한 암묵적 이론"이라고 부르는 것을 탐구한다. 이것은 내(內)주체적 또는 내부적 교통, 즉 자기와의 교통의 침묵과 간(間)주체적 또는 외부적 교통, 즉 자기와 타자 사이의 교통의 침묵을 포괄하는 이론이다. 여성 독자가 철학의 정경으로부터 자신의 배제에 어떻게 대응할 것인가라는 문제에서 출발하여 그녀는 단지 정보를 처리하는 독해와 텍스트를 내부화하고 그것에게 "의미를 부여하는" 독해를 구별한다. "주변화된 실존자의 현존"을 요구하는 독해에 찬성하면서 그녀는 헤겔이 여성으로 하여금 "교통이 정확히 어디서 성별로 배제하는가를 이해하도록" 도와줄 수 있다고 주장한다. 그런 이해는 여성이 어디서 또 어떻게 그녀에 대한 억압에 반대하여 말할 필요가 있는가를 드러내준다.

브라운에 따르면, 헤겔은 "젠더 중립적"인 첫 번째 내부적 침묵을 이론화하는데, 이것은 이것[침묵]이 "의미 이전에" 발생하기 때문이다. 동시에 이런 침묵은 페미니즘적 의식화에 대한 함의를 갖는데, 이것[침묵]을 통해 우리가 우리 자신을 변화시킬 수 있는 우리의 가능성, 우리의 능력을 이해하게 되기 때문이다. 헤겔의 두 번째 간주체적 침묵, "주체성과 그 모든 타자 사이의 침묵"은 여성에게 강제되는 침묵, 피억압자의 침묵이라는 관점에서 탐구된다. 헤겔의 교통 이론의 외삽을 통해 브라운은 첫 번째 침묵에 주목함으로써 여성이 두 번째 침묵을 깰 수 있고 타자에 의해 또 타자와의 관계에서 침묵이 강요되는 것을 거부할 수 있다고 주장한다. 마지막으로 그녀는 [버틀러의 퀴어주의를 따라] 이성애적 젠더 구성을 비판하면서 대신 젠더의 다양성과 수행적이고 잠정적인 것으로서 (젠더) 동일성을 주장한다.

헤겔과 포스트모더니즘

전체적으로 이 논문집은 현재의 페미니즘 논쟁을 특징짓는 일련의 질문을 제기한다. 주체성으로부터 여성의 망명이라는 문제는 여성을 주체화하려고 시도하는 상이한 페미니즘적 독해에 의해 복잡해진다. 이제 우리가 질문해야 하는 것은 여성이 어떻게 주체성을 달성하는가뿐만 아니라 또한 어떤 주체의 위치를 추구하는가라는 것이기도 하다. 게다가 포스트모더니즘과 페미니즘 사이의 관계에 대한 복잡한 질문들이 제기된다. 어떻게 또 언제 '포스트모더니즘적'인 독해가 페미니즘적인가? '여성', '여성성', 또는 '성적 차이'를 해체하는 것이 [페미니즘적이 되기에] 충분한가? 또는 이 개념들을 철학의 '주변'의 문제들로 간주하는 것이 충분한가? 텍스트를 '탈중심화'한 다음에는 무엇이 오는가? 페미니즘 이론의 페미니즘 실천에 대한 관계는 어떤 것인가? '여성의 경험'에 대해 말하는 것 또는 성과 젠더, 여성성의 생물학과 사회적 구성 사이의 관련을 주장하는 것은 항상 또는 반드시 '본질주의적'인가? 젠더 다양성 또는 수행적/잠정적인 것으로서 젠더 '동일성'에 대한 포스트모더니즘적 주장은 여성의 육체적 경험(예를 들어, 모성, 대상화, 강간, 낙태, 또는 강제불임)에 대한 페미니스트의 관심과 어떻게 관련되는가? 포스트모더니즘적인 언어적 전환은 유아의 언어 이전의 '경험'을 이해할 수 있는 방법을 제거하는가?35) 페미니즘/포스트모더니즘 논쟁은 계약 이론과 재생산 의식의 문제로서 결혼과 모성과 가족의 문제에 어떻게 관련되는가? 결혼에서 여성의 평등이라는 문제는 결혼계약을 개혁함으로써 해결될 수 있는가? 여성은 '영성'과 고유한 관계를 맺고 있는가? 또 그렇다면, 여성의 영성은 원자론적 개인주의, 탈정신화된 물질주의, 종교적 근본주의에 대한 대책을 제공하는가? 여성의 '타자화'의 논리와 '동일화'의 논리를 통해 동시적으로 사고하는 것이 필요하고 또/또는 가능한가? 마지막으로 의식화를 여성운동의 출발을 특징짓는 소그룹에서 오늘의 더 일반화된 사회적·문화적 형태로 전치시키는 것이 어떻게 페미니즘적 실천으로서 의식화 과정에 대한 우리의 이해에 영향을 끼칠 것인가?36)

---

35) 어떤 정신분석학 이론은 우리의 최초의 경험이 성인 생활을 교란하는 강도를 유지하는 것은 바로 그것이 언어 이전적이기 때문이라고 주장한다.

36) 주체성이 강조되는 동시에 도전받는 학계의 페미니즘/포스트모더니즘 논쟁 외부에서 여성이 자신의 생활을 기록하는 페미니즘적 회상록이 프로테우스적[가변적] 장르로 발전해 왔다는 사실에 주목할 필요가 있다. 자신을 사회적 주체로 재창조하기 위한 소규모의 정치적 의식화 그룹을 더 이상 갖고 있지 않는 여성이 자신을 기억하기 위해 기록이라는 행위로 전환했던 것이다. 예를 들어, Mab Secrest, *Memoir of a Race Traitor*, South End, 1994; Nancy Mairs, *Remembering the Bone House*, Harper, 1989: Elaine Brown, *A Taste of Power*, Pantheon, 1993을 참조하시오. 여성의 자전적 기록에 대한 이론적 설명은 Shoshana Felman, *What Dose a Woman Want?*, Johns Hopkins University Press, 1993을 참조하시오.

이 질문들은 우리를 출발점, 즉 페미니즘 이론에 대한 헤겔의 관계로 다시 인도한다. 헤겔은 정치적 페미니스트가 관심을 갖는 중심적 문제 중 하나, 즉 동일성과 차이를 어떻게 개념화할 것인가라는 문제에 대해 분명하게 말한다.[37] 페미니즘이 여성들 사이의 차이를 종종 고려하지 않는 동일성의 정치에서 출발했던 반면, 포스트모더니즘은 이론의 '높은 길'을 추구하기 위해 페미니즘 정치를 포기하는 것 같은 '차이들'의 다수성을 우리에게 남겨준다. 앞으로 해야 할 일은 동일성과 구체적인 차이들을 모두 고려하는 간주체적 인정의 형태, 즉 자기와 타자 사이의 관계로 여성의 주체성을 개념화하는 것이다. 이것은 여성들 사이의 차이(계급·인종·종족·종교·성적 선호라는 차이, 그 자신의 동일성의 정치를 발생시켰던 차이)를 부정함으로써 하나의 집단적 동일성('여성')을 구성하는 것이 아닌 그런 관계를 추구하는 것이다. 그러나 이것은 이런 차이들이 여성들 사이의 연대의 가능성을 배제하는 것을 허용하지 않으려고 할 것이다.

이 논문집에 포함된 다양한 독해로부터 분명해지는 쟁점은 동일성과 차이를 '화해시키려고' 시도하는 헤겔의 사변적 체계가 그의 여성 개념의 본질주의를 넘어서 그가 아주 분명하게 말한 바 있는 [동일성과 차이의 개념화라는] 문제에 대한 '해답'을 시사하는가라는 질문이다. (라벤, 스타렛, 브라운, 오브라이언이 주장하는 것처럼) 헤겔은 여성의 자유라는 프로젝트를 가능하게 만들기 위해 그의 철학을 페

37) 과거에 철학적 전통은 우리가 어떻게 유아기부터 성인기까지 동일한 인격인가라는 질문을 제기했다. 동일성에 대한 이런 질문에 대답하기 위해 나는 우리가 자신을 '하나의 특수한 인격'으로 '동일화하는' 기억을 갖는 (생리적 변화를 통해 유지되는) 육체적 완전성을 갖고 있다고 주장하고 싶다. 따라서 기억이 이성과 가상을 통해 시간적 연속성(현재에 다시 포착된 과거)을 확보하는 자기에 대한 복잡하고 변화하는 감각이 바로 동일성인 것이다. 기억은 동일성 또는 자기의식에 기본적인 만큼 또한 정치적 페미니즘에도 중심적이다. 즉 기억은 심리적 생활영역과 정치적 생활영역 사이의 매개이고, 비판적 회상은 여성해방을 위한 추동력이다. P. Mills, "Memory and Myth: Woman's Time Reconceived", in Frieda Forman with Caoran Sowton, eds., *Taking Our Time: Feminist Perspectives on Temporality*, Pergamon Press, 1989를 참조하시오.

미니즘적 시각을 통해 재전망/수정하기만 하면 되는 '좋은 아버지'인가? 또는 (페이트먼이 지적하는 것처럼) 그의 한계로 인해 경청해야 할 약간의 통찰만을 제공하는 '아버지'인가? 또는 오히려 여성의 자유를 위한 약속의 이행에 실패하여 그 대가로 우리의 경멸을 받을 만한 (론지가 비난하는 것처럼 침을 뱉을 만한) 또 다른 '믿을 수 없는 아빠'일 따름인가? 헤겔의 지양 개념이 (벤하비브가 시사하는 것처럼) 결국 '설득에 실패한' (이리가레가 주장하는 바) '신화적 계기'라는 것이 사실인가? 그리고 이는 (크렐, 클라크, 쇼어, 그리고 내가 주장하는 것처럼) 지양 개념이 여성에 대한 지배, 즉 그녀를 '패배시킬' 뿐만 아니라 또한 그의 철학 체계를 전복시키기도 하는 지배의 공식을 통하지 않고서는 '여성'을 포함할 수 없기 때문인가?

헤겔 철학과 페미니즘 이론 사이의 관계에 대한 접근, 평가, 결론의 다수성으로 인해 우리는 어떤 독자들이 결정적인 대답을 예상했을지도 모르는 논문집의 말미에서 오히려 일련의 질문에 도달한다. 나는 이 질문들이 페메니즘 이론과 페미니즘 실천에 대한 우리의 이해를 확대시키고 또 심화시키는 더 많은 헤겔 재독해를 자극하리라고 희망한다. 이런 목적을 위해 이 책의 말미에 참고문헌을 추천해두었다.****)

추천 참고문헌

Aboulafia, Mitchell, "From Domination to Recognition", in Carol Gould, ed., *Beyond Domination: New Perspectives on Women*

****) 이후에 나온 주요 참고문헌으로 *Women's Philosophy Review*, Autumn 1999 (*Hegel and Feminism*); Kimberly Hutchings, *Hegel and Feminist Philosophy*, Polity, 2003 [부분 국역: 이 책에 실림]; Alison Stone, *Luce Irigaray and the Philosophy of Sexual Difference*, Cambridge University Press, 2006 [부분 국역: 이 책에 실림] 등이 있다.

and Philosophy, Rowman and Allanheld, 1984.

Barber, Benjamin, "Spirit's Phoenix and the History's Owl *or* The Incoherence of Dialectics in Hegel's Account of Women", *Political Theory*, Feb. 1988.

Beauvoir, Simone de, *The Second Sex*, Knopf, 1953. (특히 서론과 1부를 참조하시오.)

Blum Lawrence, "Kant's and Hegel's Moral Rationalism: A Feminist Perspective", *Canadian Journal of Philosophy*, June 1982.

Brod, Harry, *Hegel's Philosophy of Politics: Idealism, Identity, and Modernity*, Westview, 1992.

Butler, Clark, "Hegel's Idea of Marriage: Science or Ideology?", in *Hegel: The Letters*, Indiana University Press, 1984.

Chanter, Tina, "Antigone's Dilemma", in Robert Bernasconi and Simon Critchley, eds., *Re-Reading Levinas*, Indiana University Press, 1991. (이 논문은 데리다, 레비나스, 소포클레스의 저작에서 '여성 문제'를 탐구한다.)

Cornell, Drucilla, *Beyond Accomodation: Ethical Feminism, Deconstruction, and the Law*, Routledge, 1991.

-----, *The Philosophy of the Limit*, Routledge, 1992. (특히 3장을 참조하시오.)

Dahlstrom, Daniel, "The Sexual Basis of Moral Life", in *Hermeneutics and the Tradition: Proceedings of the American Catholic Philosophical Association*, Vol. 62, Wickersham, 1989.

d'Eaubonne, Françoise, Excerpt from *Feminism or Death*, in Elaine Marks and Isabelle de Courtivron, eds., *New French Feminisms*, University of Massachusetts Press, 1980. (론지의 저작은 되본의 팔루스중심주의에 대한 비판에 중심적이다.)

Derrida, Jacques, *Glas*, University of Nebraska Press, 1986.

Dietz, Mary, "Citizenship with a Feminist Face: The Problem with

Maternal Thinking", *Political Theory*, Feb. 1985. (이 논문은 소포클레스의 『안티고네』에 대한 페미니즘적 해석을 제시한다.)

Diprose, Rosalyn, *The Bodies of Women: Ethics, Embodiment and Sexual Difference*, Routledge, 1994.

-----, "In Excess: The Body and the Habit of Sexual Difference", *Hypatia*, 1991, No. 3. (이 논문은 『안티고네』에 대한 헤겔의 독해를 비판하면서 포스트헤겔적인 차이의 윤리를 탐구한다.)

Donougho, Martin, "The Woman in White: On the Reception of Hegel's *Antigone*", *The Owl of Minerva*, Fall 1989.

Douzinas, Costas, "Law's Birth and Antigone's Death: On Ontological and Psychoanalytical Ethics", *Cardozo Law Review*, Jan. 1995.

Dunayevskaya, Raya, *Philosophy and Revolution: From Hegel to Sartre, and from Marx to Mao*, Columbia University Press, 1989.

-----, *Women's Liberation and the Dialectics of Revolution: Reaching for the Future*, Humanities Press, 1985. (특히 서론/개관을 참조하시오.)

Easton, Susan, "Hegel and Feminism", in David Lamb, ed., *Hegel and Modern Philosophy*, Croom Helm, 1987.

Elshtain, Jean, "Antigone's Daughters", *Democracy*, 1982; reprinted in Irene Diamond, ed., *Families, Politics, and Public Policy: A Feminist Dialogue on Women and the State*, Longmans, 1983.

-----, *Public Man, Private Woman: Women in Social and Political Thought*, Princeton University Press, 1981. (특히 4장을 참조하시오.)

Feral, Josette, "Antigone or the Irony of the Tribe", *Diacritics*, Fall 1978. (이 논문은 이리가레의 안티고네 독해를 해석한다.)

Ferguson, Kathy, *The Man Question: Visions of Subjectivity in Feminist Theory*, University of California Press, 1993. (2장의 대상은 헤겔이다.)

Fraser, Nancy, "The French Derrideans: Politicizing Deconstruction or Deconstructing the Political?", in *Unruly Practices: Power, Discourse and Gender in Contemporary Social Theory*, University of Minnesota Press, 1989. (이 논문은 헤겔과 마르크스에 준거하여 해체론의 정치를 검토한다.)

Fuchs, Jo-Ann, "On the War Path and Beyond: Hegel, Freud, and Feminist Theory", *Women's Studies International Forum*, 1983 No. 6.

Geller, Jay, "Hegel's Self-Conscious Woman", *Modern Language Quarterly*, June 1992.

Gould, Carol, "The Woman Question: Philosophy of Liberation and the Liberation of Philosophy", *Philosophical Forum*, Fall-Winter 1973-74; reprinted in Mary Mahowald, ed., *Philosophy of Woman: An Anthology of Classic and Current Concepts*, 2nd ed., Indiana University Press, 1983.

Hodge, Joanna, "Women and the Hegelian State", in Ellen Kennedy and Susan Mendus, eds., *Women and Western Political Philosophy: Kant to Nietzsche*, Wheatsheaf Books, 1987.

Hoffheimer, Michael, "The Idea of Law (*Recht*) in Hegel's *Phenomenology of Spirit*", *Clio*, 1992 No. 4.

Irigaray, Luce, "The Universal as Mediation", in *Sexes and Genealogies*, Columbia Unversity Press, 1993.

Janssen-Jurreit, Marielouise, *Sexism: The Male Monopoly on History and Thought*, Farrar, Straus and Giroux, 1982. (특히 28장을 참조하시오.)

Lacour, Claudia, "Austen's *Pride and Prejudice* and Hegel's 'Truth in Art': Concept, Reference, and History", *English Literary History (ELH)*, Fall 1992.

Landes, Joan, "Hegel's Conception of the Family", *Polity*, Fall 1981; reprinted in Jean Elshtain, ed., *The Family in Political Thought*, University of Massachusetts Press, 1982.

Le Doeuff, Michèle, *The Philosophical Imaginary*, Stanford University Press, 1989. (특히 6장을 참조하시오.)

-----, "Women in Philosophy", *Radical Philosophy*, Summer 1977.

Lloyd, Genevieve, *The Man of Reason: 'Male' and 'Female' in Western Philosophy*, University of Minnesota Press, 1984. (특히 헤겔을 검토하는 88-93쪽을 참조하시오.)

MacGregor, David, *Hegel, Marx, and the English State*, Westview, 1992. (특히 5장 「가족 내부에서 아버지의 자의적 의지」를 참조하시오.)

Newman, Amy, "Hegel's Theoretical Violence", in Bat-Ami Bar On, ed., *Modern Engendering: Critical Feminist Readings in Modern Western Philosophy*, State University of New York Press, 1994.

Nussbaum, Martha, *The Fragility of Goodness: Luck and Ethics in Greek Tragedy*, Cambridge University Press, 1986. (특히 소포클레스의 『안티고네』를 대상으로 하는 3장을 참조하시오.)

Pritchard, Annie, "Antigone's Mirrors: Reflections on Moral Madness", *Hypatia*, Summer 1992.

Ring, Jennifer, *Modern Political Theory and Contemporary Feminism: A Dialectical Analysis*, State University of New York Press, 1991.

Rosenthal, Abigail, "Feminism without Contradictions", *The Monist*, Jan. 1973; reprinted in Lawrence Habermehl, ed., *Morality in the Modern World: Ethical Dimensions of Contemporary*

Human Problems, Dickinson, 1976. (이 논문은 페미니즘에 의한 독창적인 헤겔 영유를 시도하는데, 유일한 결함은 성차별주의적 용어를 무비판적으로 사용하는 것이다.)

Scholz, Sally, "Reproductive Labor: The Impact of the Patriarchal Family on Hegel's Phenomenology", *Clio*, Summer 1993.

Siebert, Rudolf, "Hegel's Concept of Marriage and Family: The Origin of Subjective Freedom", in D. Verene, ed., *Hegel's Social and Political Thought: The Philosophy of Objective Spirit*, Humanities Press, 1980.

-----, *Hegel's Concept of Marriage and the Family*, University Press of America, 1979

Steiner, George, *Antigones*, Oxford University Press, 1975. (이 책은 서양사상에서 안티고네 전설에 대한 포괄적인 개관을 시도하지만, 그러나 페미니즘적 시각은 결여한다.)

Tuana, Nancy, *Woman and the History of Philosophy*, Paragon House, 1992. (특히 98-111쪽을 참조하시오.)

Willett, Cynthia, "Hegel, Antigone, and the Possibility of a Woman's Dialectic", in Bat-Ami Bar On, ed., *Modern Engendering: Critical Feminist Readings in Modern Western Philosophy*, State University of New York Press, 1994.

-----, "Hegel, Antigone, and the Possibility of Ecstatic Dialogue", *Philosophy and Literature*, 1990.

-----, *Maternal Ethics and Other Slave Moralities: Race, Gender, and Recognition*, Routledge, 1995.

Woolf, Virginia, *Three Guineas*, Penguin Books, 1977. (『안티고네』는 94쪽에서 언급된다.)

Zerilli, Linda, "Machiavelli's Sisters: Women and 'the Conversation' of Political Theory", *Political Theory*, May 1991. (이 논문은 이리가레, 엘시테인, 디츠의 안티고네 독해에 초점을 맞춘다.)

페미니즘적 헤겔 독해*)

킴벌리 헛칭스

페미니스트 독자는 철학적 주장을 해석하고 판단하면서 자신이 제기하는 철학적이고 정치적인 의제가 적절한 관련을 갖는다고 가정한다. 게다가 페미니스트 독자는 철학적 문제를 중립적으로 검토하고 해결한다는 철학적 주장이 현실적으로는 어떻게 여성을 억압하고 배제하는 의제를 반영하는지를 반복해서 증명해 왔다. 철학을 역사와 긴밀하게 관련시키면서 헤겔은 페미니스트 독자가 가정하는 것, 즉 철학적 주장과 대응의 이해와 평가에서 결정적으로 중요한 맥락(context, 공동의 텍스트)이 독자와 텍스트에게 존재한다는 것을 명시적으로 인정한다. 그러나 페미니즘 철학이라는 프로젝트에 암묵적인 철학과 정치에 대한 가정과 헤겔 철학의 가정 사이에 밀접한 연관이 있다는 가설은 헤겔에 대한 페미니즘적 논평가 대부분이 완전히 동의하는 그런 것은 아니다. 1장 「페미니즘 철학과 절망의 길」에서 개관한 페미니즘 철학의 네 가지 이념형[합리주의적 페미니즘, 비판이론적 페미니즘, 성차의 페미니즘, 포스트모더니즘

*) Kimberly Hutchings, "Feminist Readings of Hegel", in K. Hutchings, *Hegel and Feminist Philosophy*, Polity, 2003. 「페미니즘적 헤겔 독해」는 2장 「개념 파악의 과제로서 철학」의 3절인데, 1절은 헤겔의 『정신현상학』을 개관하고, 2절은 『자연철학』과 『법철학』을 개관한다.

적 페미니즘]에 따라 헤겔에 대한 페미니즘적 독해를 분류할 수 있다. 각각의 경우 해석은 페미니즘 철학의 유형을 반영할 뿐만 아니라 또한 헤겔의 후계자들이 그의 철학을 해석해 온 방식과의 교류(engagement)를 반영하기도 한다.

합리주의적 페미니즘의 헤겔 독해

헤겔과 합리주의적 페미니스트 사이의 가장 흔한 교류는 철학적 전통의 남성중심주의를 예증하기 위해 그를 이용하는 것이다. 이런 독해의 표준적 형태는 여성·성·젠더에 대한 헤겔의 어떤 주장의 오류 또는 부조리에 주목함으로써 텍스트를 비난하는 것이다. 『자연철학』에서 제시되는 재생산에 대한 논평과 『법철학』에서 제시되는 여성과 가족에 대한 논평이 이런 종류의 독해를 위한 가장 빈번한 타겟이다. 첫 번째 경우에 그는 재생산에서 여성의 역할이 능동적이라기보다는 오히려 수동적이라고 주장한다. 그는 아리스토텔레스를 따라 재생산에 대한 여성의 기여는 활동력이 없는 물질[질료], 새로운 생명이 되기 위해서는 그것에 형태[형상]를 부여하는 남성의 활동을 필요로 하는 물질이라고 주장한다.[1] 합리주의적 페미니즘 독해는 과학적 관점에서 이런 주장이 무의미함을 지적하는 동시에 그것이 서양 철학에 각인되어 온 성별화된 가치의 전통적 위계제[즉 문화와 자연, 이성과 감정, 자율과 타율, 보편과 특수, 관념과 현실]를 따르고 있음을 지적한다. 두 번째 경우도 마찬가지인데, 여기서 헤겔은 여성을 식물에 비유하면서 이 때문에 교육에 부적합하다고 주장한다.[2] 더 일반적으로 말하자면, 합리주의적 페미니즘 독

1) Hegel, *Philosophy of Nature*, tr. by A. Miller, Clarendon Press, 1970, p. 413.

2) Hegel, *Elements of the Philosophy of Right*, tr. by H. Nisbet, Cambridge University Press, 1991, pp. 206-7.

해는 이 경우를 여성의 가족 유폐와 부르주아 시민사회 및 국가로부터의 배제의 필요성을 지지하는 것으로 해석한다.

합리주의적 페미니스트는 젠더와 성차에 대한 헤겔의 형이상학적이고 규범적인 주장 대부분에 전혀 동의하지 않는다. 그러나 넓은 의미에서 합리주의적인 시각을 따르는 독해가 항상 헤겔을 비난하기만 한다는 것은 사실이 아니다. 헤겔 사상의 어떤 측면이 페미니즘 철학에 유용한 것으로 간주되는 경우도 있기 때문이다. 이런 독해는 [『법철학』에서 제시되는] 헤겔의 통찰 중 일부가 그의 완고한 남성중심주의에서 구제될 수 있음을 자주 상기시킨다. 특히 현대적 윤리의 가능성의 조건으로서 가족의 중요성에 대한 헤겔의 강조와 결혼계약이라는 [칸트적] 관념에 대한 그의 비판은 심지어 그 자신의 의도와는 정반대로 페미니즘적 주장에 유리한 지식을 제공한다고 간주된다. 그러나 헤겔에 대한 합리주의적 페미니즘의 반응은 긍정적이든 부정적이든 항상 진리에 대한 설명, 즉 젠더와 성차에 대한 질문의 해결을 위한 객관적이고 독립적인 근거에 대한 설명을 토대로 한다. 이렇게 보면, 여성·성·젠더에 대한 헤겔의 주장이 무엇이든지 간에 그의 철학은 합리주의적 페미니즘과 대립하는 것인데, 그것[헤겔 철학]이 형이상학적이고 규범적인 진리를 역사화하기 때문이다.[3]

---

3) 합리주의적 페미니즘 독해의 사례로는 J. Elshtain, *Public Man, Private Woman*, Princeton University Press, 1981, pp. 170-83; J. Landes, "Hegel's Conception of the Family", in J. Elshtain, ed., *The Family in Political Thought*, University of Massachusetts Press, 1982; G. Lloyd, *The Man of Reason*, Methuen, 1984, pp. 74-85; D. Coole, *Women in Political Theory*, Wheatsheaf, 1993, pp. 139-44; A. Stone, "Hegel's Theory of Natural Sexual Relationships", *Women' Philosophy Review*, Autumn 1999; E. Brake, "Love's Paradox: Making Sense of Hegel on Marriage", *ibid.*을 참조하시오. [이 책에 실린 「헤겔과 이리가레에서 가족-국가관계」를 보면 알 수 있듯이 스톤은 이리가레와 친화성을 갖는 성차의 페미니스트다.]

비판이론적 페미니즘의 헤겔 독해

합리주의적 페미니즘이 헤겔의 저작과 교류한 적이 거의 없다는 것이 놀라운 일이 아니라면, 비판이론적 페미니즘에 헤겔과의 대화의 훨씬 더 풍부한 전통이 있다는 것도 마찬가지로 놀라운 일은 아니다. 비판이론적 페미니즘 그 자체는 [청년] 마르크스부터 [루카치와 프랑크푸르트 학파를 거쳐] 하버마스까지의 좌파 헤겔주의적 유산의 결과다. 이런 독해는 헤겔의 주장에 대한 해석과 판단에서 외재적 기준과 동시에 내재적 기준을 채택한다는 점에서 마르크스를 따른다. 또한 이런 독해는 헤겔을 헤겔에게 대립시킴으로써 좋은 헤겔을 나쁜 헤겔에게서 구제하려고 한다는 점에서도 마르크스를 따른다. 합리주의적 페미니즘 독해와 달리 비판이론적 페미니즘 독해의 경우에는 여성·성·젠더와 명시적으로 관련되지 않는 헤겔 철학의 어떤 측면이 중요하다. 또 그의 『자연철학』이 아니라 『정신현상학』과 『법철학』이 독해의 초점이 되는 경향이 있다.

보부아르 이래 자기의식의 출현에 대한 『정신현상학』의 장[4장]에서 제시되는 '인정 투쟁'에 대한 설명['주인과 노예의 변증법']이 비판이론적 페미니즘이 수용하는 '좋은' 헤겔에 중심적이 되어 왔다. 모든 비판이론적 페미니스트가 헤겔 철학의 이런 측면의 중요성을 동일한 방식으로 독해하는 것은 아니지만, 그러나 많은 경우에 이것이 자기의식[주체]과 자연 사이의 관계, 주체 사이의 관계, 자유를 향한 진보의 의미 등에 대해 사고하는 유용한 방도를 제공한다. 비판이론적 페미니스트에게 헤겔의 주장의 부정적 측면은 그가 여성을 자기의식적 존재가 아니라 자연과 동일시하고 따라서 여성을 역사의 변증법과 자유를 향한 진보에서 배제한다는 점이다. 『정신현상학』에서 『안티고네』의 이야기에 대한 검토와 『법철학』에서 가족 안에서 여성의 위치에 대한 설명은 헤겔이 여성의 완전한 인간성을 인정하는 데 실패했음을 입증하는 것으로 간주된다. 비판이론적 페미니스트는 여성·성·젠더에 대한 헤겔의 주장이 페미니즘적 목적을 위해 그의 철학을 수용하는 것을 위험스럽게 만드는 정도에 대해 상이하게 평가한다. 그러나 일반적으로 말해서 비판이론적 페미니스트는 헤겔의 통찰을 완전히 기각하기를 원치 않고 여성의 관점을 포함하도록 그의 철학을 재가공하거나 적어도 페미니즘적 관점에서 유용한 것을 위해 그것을 활용하기를 원한다.[4)]

성차의 페미니즘의 헤겔 독해

다양한 성차의 페미니즘의 경우에도 헤겔 독해가 중요한데, 그러나 그 방식은 [비판이론적 페미니즘의 경우와] 얼마간 상이하다. 성

---

4) 비판이론적 페미니즘 독해의 중요한 사례는 이 책의 3장 「제2의 성을 사고한다」에서 검토할 보부아르와 4장 「제2의 성을 다시 사고한다」에서 검토할 밀스나. S. de Beauvoir, *The Second Sex*, Jonathan Cape, 1953; P. Mills, "Hegel's *Antigone*", in P. Mills, ed., *Feminist Interpretations of G. W. F. Hegel*, The Pennsylvania State University Press, 1996. 또 다른 사례는 1장 「페미니즘 철학과 절망의 길」에서 검토한 벤하비브와 5장 「헤겔과 페미니즘 윤리」에서 검토할 포터다. S. Benhabib, "On Hegel, Women and Irony", in *ibid.*; "Toward a Deliberative Model of Democratic Legitimacy", in S. Benhabib, ed., *Democracy and Difference*, Princeton University Press, 1996; E. Porter, *Women and Moral Identity*, Allen and Unwin, 1991. 그밖에 G. Rose, *Hegel contra Sociology*, Athlone, 1981; *The Broken Middle*, Blackwell, 1992; C. Arthur, "Hegel as Lord and Master", in S. Sayers and P. Osborne, eds., *Socialism, Feminism and Philosophy*, Routledge, 1990; H. Brod, *Hegel's Philosophy and Politics: Idealism, Identity and Modernity*, Westview Press, 1992, pp. 174-9; J. Gauthier, *Hegel and Feminist Social Criticism: Justice, Recognition, and the Feminine*, State University of New York Press, 1997; "Hegel and the Problem of Particularity in Moral Judgement", *Women's Philosophy Review*, Autumn 1999도 참조하시오. 나의 헤겔 해석도 또한 비판이론적 페미니즘 독해의 사례에 해당한다. [그러나 헛칭스는 벤하비브, 밀즈, 포터 등이 프랑크푸르트 학파, 특히 하버마스를 따라 칸트를 수용함으로써 결국 합리주의적 페미니즘으로 복귀할 수 있다고 비판하면서 자신의 해석을 '헤겔주의적 페미니즘'으로 구별한다. K. Hutchings, *Kant, Critique and Politics*, Routledge, 1996.]

차의 페미니스트 일부는 헤겔을 가부장제적 사상가의 전형으로 간주하는데, 성차에 대한 그의 견해는 비판되는 동시에 대안적인 페미니즘 윤리로 지양되어야 한다. 반면 정신분석학의 영향을 받은 성차의 페미니스트는 성별화된 자아의 형성에 대한 설명을 위해 헤겔의 작업을 훨씬 더 긍정적으로 원용하는데,5) 라캉적 정신분석학의 영향을 받은 성차의 페미니스트에게 헤겔의 작업의 중요성은 특히 현저하다.6)

전형적으로 성차의 페미니즘의 정신분석학적 조류에서 성차에 대한 헤겔의 주장 자체는 그것이 지양했다고 주장하는 것에 의존한다는 점이 증명된다. 이런 종류의 독해는 자신의 타당성을 증명하기 위해 텍스트 너머를 보는 것이 아니라 텍스트가 어떻게 그 내부로부터 스스로 전복되어 성과 젠더의 중요성을 부정하는 동시에 긍정하는가를 증명한다. 이런 독해는 헤겔의 담론의 현상적 궤도가 내재적[본질적] 모순에 의해 잠재적으로 교란되거나 또는 텍스트에서 배제되거나 주변화되었던 것에 의해 반전될 수 있는 지점에 초점을 맞춘다. 비판이론적 페미니스트의 경우와 마찬가지로 성차의

---

5) 아마 론지가 성차의 페미니즘의 급진주의적 조류[또는 오히려 급진주의 페미니즘]의 헤겔 독해의 가장 유명한 사례일 것이다. C. Lonzi, "Let's Spit on Hegel", in P. Mills, *Feminist Interpretations, op. cit.* 성차의 개념에 의존하는 더 미묘한 독해는 6장 「헤겔과 성적 계약」에서 [맥키넌과 함께] 검토할 페이트먼의 사례와 5장 「헤겔과 페미니즘 윤리」에서 검토할 포터가 길리건의 '배려(care)의 윤리'를 비판하면서 원용하는 초도로와 벤저민의 '대상관계론'이다. C. Pateman, *The Sexual Contract*, Polity, 1988 [& C. MacKinnon, *Toward a Feminist Theory of the State*, Harvard University Press, 1989]; N. Chodorow, *The Reproduction of Mothering*, University of California Press, 1978; J. Benjamin, *The Bonds of Love: Psychoanalysis, Feminism and the Problem of Domination*, Virago Press, 1988. [알다시피 '대상관계론'은 프로이트에 대한 클라인의 비판에서 유래하는 것이다. 정신분석학에 대한 개관은 뤼스 이리가레, 「정신분석이론: 또 다른 모습」(1973), 권현정 엮음, 『성적 차이와 페미니즘』, 공감, 1997을 참조하시오.]

6) 라캉은 이리가레[각주 7) 참조]뿐만 아니라 포스트모더니즘적 페미니스트, 특히 버틀러[각주 8) 참조]에게도 중요한 전거가 된다.

페미니스트에게도 『안티고네』에 대한 헤겔의 검토가 특히 주목되어 왔는데, 헤겔의 설명에서 여성의 배제가 정신의 전진의 가능성을 조건짓기 때문이다. 이런 종류의 독해의 요점은 헤겔의 주장을 [합리주의적 페미니즘 독해처럼] 비난하거나 [비판이론적 페미니즘 독해처럼] 활용하는 것이 아니다. 그것은 의미의 가능성의 대안적 조건, 지배적인 남성적 담론을 대체하는 것이 아니라 그것에 평행하는 조건을 지적하는 것이다. 이런 종류의 독해는 여성에 대한 헤겔의 실체적 주장을 완전히 기각하지 않고 오히려 그것을 진지하게 검토함으로써 남성중심주의적 담론의 가정을 부각시킨다. 이것은 진리와 의미를 위한 대안적 근거를 표현하기 위해 필요한 절차다. 그럼에도 불구하고 이런 종류의 해체적 독해는 본질적으로 헤겔의 텍스트를 폐쇄적인 가부장제적 체계로 간주해야 한다는 가정을 합리주의적 페미니즘 독해와 공유한다.[7)]

포스트모더니즘적 페미니즘의 헤겔 독해

비판이론적 페미니즘과 성차의 페미니즘은 페미니즘적 관심에서 헤겔과 교류할 뿐만 아니라 [프랑크푸르트 학파적] 마르크스주의와 [라캉적] 정신분석학의 매개를 통해 그렇게 한다. 포스트모더니즘적 페미니즘의 헤겔 독해는 데리다와 푸코와 리요타르의 철학에서 제시되는 헤겔 철학뿐만 아니라 또한 마르크스주의와 정신분석학에 대한 해체를 통해 매개되는 방식으로 헤겔과 교류한다. 비판이론적 페미니스트나 성차의 페미니스트와 마찬가지로 포스트모더니즘적 페미니스트는 내재적 긴장의 관점에서 헤겔을 독해한다. 그러

7) 라캉적 정신분석학의 조류에 속하는 성차의 페미니즘의 헤겔 독해의 가장 중요하고 영향력 있는 사례는 4장 「제2의 성을 다시 사고한다」에서 검토할 이리가레다. L. Irigaray, *Speculum of the Other Woman*, Cornell University Press, 1985.

나 포스트모더니즘적 페미니즘 독해는 해석과 판단과 의미를 위한 대안적 시각, 즉 [비판이론적 페미니즘 독해 같은] 여성을 포함하는 역사적 진보의 변증법적 담론이라는 시각 또는 [성차의 페미니즘 독해 같은] 여성으로서 말하기 또는 글쓰기의 관념이라는 시각의 설정에 저항한다. 이런 독해는 헤겔의 텍스트에 내재적인 권위를 탈안정화하는 것, 항상적 전복의 과정을 통해 새로운 통찰이 생산되는 내재적 폭로의 과정을 강조한다.

포스트모더니즘적 페미니즘 독해에서 헤겔은 특히 폐쇄적이고 전체화하는 사상가로 묘사된다. 따라서 이런 독해는 텍스트의 긴장·공백·모순을 증명함으로써 절대지식을 주장하는 철학적 권위의 자의성을 증명하는데, 그런 긴장·공백·모순은 단지 주장의 비일관성 또는 부적합성의 문제일 따름인 것이 아니다. 포스트모더니즘적 페미니스트는 텍스트가 무엇을 반영하는가라는 관점이 아니라 오히려 언어를 통해 무엇을 말하는가라는 관점에서 그것을 수사학적으로 독해한다. 그런데 수사학에 대한 강조는 헤겔 자신의 텍스트의 자기의식적 수사에 주목함으로써 변증법과 해체 사이의 평행성에 초점을 맞추는 것이다. 포스트모더니즘적 페미니스트는 헤겔의 텍스트, 특히 『정신현상학』에서 발견되는 의미와 권위의 유희가 자신의 독해와 친화성을 갖는다고 주장한다. 그러나 결국 포스트모더니즘적 페미니즘에서 권위 있는 해석의 순간은 항상 지연되는 반면, 헤겔은 그런 지연을 궁극적으로 봉쇄한다고 독해된다.[8]

---

8) 포스트모더니즘적 페미니즘 독해의 가장 중요한 사례는 4장 「제2의 성을 다시 생각한다」에서 검토할 버틀러다. J. Butler, *Gender Trouble: Feminism and the Subversion of Identity*, Routledge, 1990; *Bodies that Matter: On the Discursive Limits of 'Sex'*, Routledge, 1993; *Antigone's Claim: Kinship between Life and Death*, Columbia University Press, 2000. [버틀러가 푸코와 친화성을 갖는다면, 이리가레는 데리다와 친화성을 갖는다.] 5장 「헤겔과 페미니즘 윤리」에서는 R. Diprose, *The Bodies of Women*, Routledge, 1994를 검토할 것이다. 또 D. Krell, "Lucinde's Shame: Hegel, Sensuous Woman, and the Law", in P. Mills, ed., *Feminist Interpretations, op. cit.*도 참조하시오.

*　　　*　　　*

페미니즘적 헤겔 독해 사이의 차이는 페미니즘적 철학과 동시에 헤겔 철학에 대해 제기하는 질문과 관련하여 아주 중요하다. 헤겔이 자신의 철학에서 여성을 주변화하고 모독했음에도 불구하고, 페미니즘 철학자는 계속해서 그를 독해하고 그의 주장과 교류해 왔으며 또 ['좋은 아버지'와 '반역하는 딸'이라는 단순한 이분법과 달리] 어느 정도는 그에게서 공동의 사업을 위한 파트너를 발견해 왔다.[9] 이것은 특히 페미니즘 철학이 헤겔과 지반을 공유하는 경우에 사실인데, 헤겔적 관념에 의해 영향을 받은 철학적 전통 내부에 위치시킬 수 있는 비판이론적 페미니즘, 성차의 페미니즘, 포스트모더니즘적 페미니즘의 경우가 분명 그렇다. 상이한 페미니즘 철학자가 헤겔에게서 발견하는 결함은 1장 「페미니즘 철학과 절망의 길」에서 검토한 것처럼 페미니즘 철학자 사이에서 발견되는 결함, 철학적 개념화가 연루되어 있는 성별화된 이원론적 위계제를 극복하는 문제로 환원되는 결함과 공명한다. 헤겔은 그가 여성·성·젠더에 대한 주류적 사고의 부적합성에 대해 도전하거나 통찰을 제공하는 한에서 유용하다. 그러나 그의 작업은 가부장제적인 개념적 질서를 강화하는 본질주의와 보편주의라는 결함으로 전락하는 것으로 간주되는 한에서 비판된다.

---

9) G. Lloyd, "Feminism in History of Philosophy: Appropriating the Past", in M. Fricker and J. Hornsby, eds., *The Cambridge Companion to Feminism in Philosophy*, Cambridge University Press, 2000, p. 257.

헤겔 『정신현상학』에서 『안티고네』*)

로버트 스턴

그리스 사회

헤겔은 『정신현상학』의 6장 「정신」 A절 「진리적 정신: 윤리」 a 소절 「윤리적 세계: 인간의 법과 신의 법, 남성과 여성」에서 그리스적 윤리에 대해 긍정적으로 검토한다. 그는 그리스 사회를 "[개별성과 보편성이라는] 규정이 두 측면의 외양적 대립을 표현할 따름인"(267) 개별성과 보편성의 복잡한 평형으로 묘사한다. 따라서 인간의 법과 신의 법, 폴리스와 가족, 남성과 여성 사이의 중요한 분할들로 특징지어지는 사회구조에도 불구하고 헤겔은 이런 분할들의

*) Robert Stern, *Hegel and the "Phenomenology of Spirit"*, Routledge Philosophy Guidebooks, Routledge, 2002, pp. 136-47. 괄호는 G. W. F. Hegel, *Phenomenology of Spirit*, tr. by A. V. Miller, Oxford University Press, 1977의 쪽수다. 『정신현상학』의 인용은 원문을 대조하여 약간 수정했다.
  참고로, 『정신현상학』은 논쟁적인 서문(셸링 비판)과 서론(칸트 비판)에 이어 1장 감각적 확실성, 2장 지각, 3장 오성, 4장 자기확실성의 진리성, 5장 이성의 확실성과 진리성, 6장 정신(윤리·문화·도덕), 7장 종교(자연종교·예술종교·계시종교), 8장 절대지식(철학)으로 구성된다. 헤겔은 1-3장을 (A) 의식, 4장을 (B) 자기의식, 5-8장을 별도의 제목 없이 (C)로 분류하기도 한다.

두 측면의 상보성으로 인해 이것들을 조화시키는 것이 가능했다고 주장한다.

헤겔에 따르면, 신의 법은 가족이라는 여성의 사적 영역을 규제한 반면, 인간의 법은 폴리스라는 남성의 [공적] 영역을 규제했는데, 양자는 그 자체로 공존할 수 있었다.[1] 여기서 남성이 가족과 사적 개인으로부터 국가와 [공적] 시민으로 이행할 수 있다는 것이 결정적이었다. 이것은 가족이 윤리적 성격을 가졌기 때문에 가능했는데, 가족 안에서 개인은 [사적] 욕망을 충족시킬 뿐만 아니라 공적 생활을 위한 덕성을 교육받기도 했다. 그 후 개인이 사망하여 더 이상 시민으로 간주되지 않을 때 그는 매장을 위해 가족으로 '반환될' 수 있었다. 이것[매장]과 관련해서 가족은 국가로서는 불가능한 중요한 역할을 수행했는데,[2] 이것이 이런 자연적 과정[사망]에 직면하여 개인의 생명에 의미를 부여했기 때문이다. 가족은 국가에 속하는 인간의 법이 아니라 자연을 토대로 하는 신의 법과 관련되었다.

헤겔은 이런 구조가 조화를 달성하는 것과 관련해서 두 가지 논점을 강조한다. 첫째, 개인의 사망이 가족의 영역과 신의 법 안에서 의미를 부여받지만, 그럼에도 불구하고 전쟁 중에 이것은 사회적[공적] 기능을 수행하고 폴리스의 영역에서 사회적[폴리스적] 유대를 강화함으로써 두 영역을 결합시켰다. "따라서 공동체[폴리스]는 자신의 권력의 진리를 신의 법의 본질과 지하의 왕국에서 검증한다."(273) 둘째, 이 영역들은 남매관계에서 조화를 달성했는데, 헤겔에 따르면, 이것이 욕망과 사랑의 우연성을 토대로 하는 부부관계와 부자관계보다 더 안정적이었기 때문이다. 헤겔에 따르면, 남매는 부부와 달리 서로를 완전하게 인정하고 또 자신들이 평등하게

1) "신적인 것은 인간적인 것에 대한 존중을 통해서만 숭배되고, 인간적인 것은 신적인 것에 대한 숭배 덕분에 존중받는다." Hegel, *The Philosophy of History*, tr. by J. Sibree, Dover, 1956, p. 239.

2) 국가에게는 "그의 죽음이 보편성을 위한 그의 '노동'과 무매개적으로 관련되고 또 그 결과라는 것은 우연일 따름이다"(270).

대표하는 영역(가족과 폴리스, 신의 법과 인간의 법)을 완전하게 인정하는데, 이는 양자의 상보성 때문이다.

> [오빠나 남편은] 그가 그 영역에서 생활했던 신의 법에서 인간의 법으로 이행한다. 그러나 누이동생이나 부인은 가계의 수장이자 신의 법의 수호자로 되거나 그런 것으로 남는다. 이렇게 해서 두 성은 그들의 자연적 존재를 극복하고 윤리적 실체에 속하는 두 가지 구별을 공유하는 상이한 존재로서 윤리적으로 출현한다[행동한다].(275)

헤겔은 이렇게 그리스적 윤리의 조화가 성적 분업을 토대로 했다고 주장한다. 그리스적 사회의 안정성은 두 성에 의해 인정되는 이런 분업에 의존했다.

> 두 성과 그 윤리적 내용의 차이는 여전히 실체의 통일성 속에 남아 있고, 그것[차이]의 운동은 그런 실체의 지속적 생성일 따름이다. 남편은 가족의 정신에 의해 공동체로 보내지는데, 여기서 그는 자신의 자기의식적 존재를 발견한다. 가족이 이런 방식으로 공동체 안에서 자신의 보편적 실체와 지속적 존재(Bestehen)를 갖는다면, 반대로 공동체는 가족 안에서 그 현실성의 형태적 요소를 갖고 신의 법 안에서 그 권력을 검증한다. 양자는 단독으로 즉자적이고 대자적일(an und für sich) 수 없다. 살아 있는 운동 속에서 인간의 법은 신의 법에서, 지상의 법은 지하의 법에서, 의식은 무의식에서, 매개는 무매개에서 기인하고, 마찬가지로 그것이 온 곳으로 되돌아간다. 반면 지하의 권력은 지상에서 그 현실성을 갖고, 의식을 통해 실존(Dasein)과 활동(Tätigkeit)이 된다. 전체는 모든 부분들의 안정적 평형이고, 각각의 부분은 [이런 전체에] 정착한(einheimisch) 정신, 자신의 외부가 아니라 내부에서 만족을 추구하는 정신인데, 그것[각각의 부분] 자체가 전체와 이런 평형을 달성하기 때문이다.(276-7)

따라서 헤겔은 그리스 사회에서 정신이 실현되었던 '행복한 상태'의 구조에 대한 아주 시사적인 (물론 논쟁의 여지가 없는 것은 아닌) 묘사를 제공한다. 이런 상태에서 [성적] 분할은 평형을 달성하고 두 영역은 조화를 달성했다. 그 결과 "그것들의 대립은 오히려 서로의 검증인 것이다."(278)

『안티고네』

이어지는 b소절 「윤리적 행동: 인간의 지식과 신의 지식, 죄와 운명」에서 헤겔은 이런 평형이 지속될 수 없었던 이유, “정신이 윤리적 생활의 미(schöne sittliche Leben)를 지양해야 하는”(265) 이유를 검토한다. 그는 소포클레스의 테바이 비극 중 하나인 안티고네의 이야기에 초점을 맞춤으로써 이를 해명하고자 한다. 헤겔은 여러 곳에서 이 비극에 대한 찬사를 표명한다. 예를 들어, 『미학 강의』에서 그가 “모든 시대의 예술 작품 중에서 가장 숭고하고 모든 측면에서 가장 탁월한 작품”[3]이라고 불렀던 이것은 그의 비극 이론의 중요한 부분을 형성했다. 이 비극에 대한 그의 영향력 있는 검토는 여전히 해석상의 논쟁을 제기한다.[4] 그러나 『정신현상학』에서 그의 관심은 미학적인 것이 아니라 문화적-역사적인 것이다. 그는 이 비극을 그리스적 윤리의 실패를 진단하는 열쇠로 이용한다. 이미 강조된 바 있는 주제들(남매관계, 매장에서 가족의 역할, 신의 법의 역할, 그리고 전쟁의 의의)이 그런 실패의 근거가 되었는데, 『미학 강의』에서 헤겔이 그 플롯을 요약하듯이 이 모든 것은 소포클레스의 비극에 중심적이다.

> 이 비극에서 모든 것은 논리적이다. 국가의 공법은 가족 안에서 오빠에 대한 사랑과 의무에 대해 갈등하는 것으로 설정된다. 안티고네라는 여성은 가족의 이익을 자신의 '파토스'로 갖고, 크레온이라는 남성은 공동체의 이익을 자신의 '파토스'로 갖는다. [안티고네의 오빠인] 폴리네이케스(폴리니세즈)는 그의 고국 테바이와의 전쟁에서 전사했다. 통

3) *Hegel's Aesthetics: Lectures on Fine Art*, tr. by T. M. Knox, Oxford University Press, 1975, Vol. I, p. 464.

4) M. Donougho, "The Woman in White: On the Reception of Hegel's *Antigone*", *The Owl of Minerva*, Vol. 21, 1989.

> 치자인 크레온은 공적으로 선포된 법에서 폴리스의 적인 이 자에게 매장의 명예를 제공한 자는 누구라도 사형시키겠다고 위협했다. 그러나 공적 이익에만 관련될 따름인 이런 명령을 안티고네는 받아들일 수 없었다. 누이동생으로서, 오빠에 대한 경건한 사랑으로, 그녀는 매장의 신성한 의무를 완수한다. 그렇게 하면서 그녀는 신의 법에 호소한다. 그러나 그녀가 숭배하는 신은 지상의 신, 자유롭고 자기의식적인 인민적·정치적 생활의 신이 아니라 지하의 신, 감정·사랑·친족의 신이다.[5)]

헤겔이 『정신현상학』에서 안티고네의 이야기를 소개하는 것은 이것이 그리스적 윤리의 지속불가능성의 이유에 대해 많은 것을 설명해준다고 믿기 때문이다.

그러나 이 정도까지는 분명한 반면, 헤겔이 이 비극을 정확히 어떻게 이해하려고 하는지, 따라서 이것에서 정확히 어떤 교훈을 도출하려고 하는지는 덜 분명하다. 어떤 사람은 헤겔이 크레온보다는 안티고네의 편을 들고자 한다고 주장했는데, 그녀가 크레온이 대표하는 권위주의적인 그리스 폴리스를 결국 붕괴시킬 현대적 의미의 개별성을 대표하기 때문이다. 따라서 "헤겔적 해석학에 따르면, 안티고네는 개인과 국가 사이의 영원한 갈등을 대표하고",[6)] 그리스적 윤리의 조화를 붕괴시키는 것은 그런 개인으로서 안티고네다.[7)] 헤겔이 비극적 인물로서 안티고네에게 인상을 받았고, 이런 의미에서 그녀를 동정적으로 생각했다는 것은 확실한 사실이다.[8)] 그러나 이

---

5) *Hegel's Aesthetics*, Vol. I, p. 464.

6) R. Pietercil, "Antigone and Hegel", *International Philosophical Quarterly*, Vol. 18, 1978, p. 304.

7) "[헤겔은] 주로 그리스의 사례(여기서는 안티고네, 다른 곳에서는 소크라테스)를 이용하여 기존의 불의에 대한 개인의 문제 제기가 한 시대의 종언이자 더 정의로운 다른 시대의 시작임을 증명한다." E. Fleischmann, "The Role of the Individual in Pre-revolutionary Society: Stirner, Marx, and Hegel", in Z. A. Pelczynski, ed., *Hegel's Political Philosophy*, Cambridge University Press, 1971, p. 228.

8) 그가 그녀를 "천상의 안티고네, 지상에 출현했던 가장 고귀한 인물"이라고 부른 것은 유명하다. Hegel, *Lectures on the History of Philosophy*, tr. by E. S. Haldane and F. H. Simson, K. Paul, Trench, Trübner, 1892-96, Vol. I, p. 441.

로부터 헤겔이 안티고네가 '옳았다'고, 특히 그녀가 현대적 의미에서 개인주의적 의식으로서 국가의 전제에 반대하는 개인적 신념과 양심에 따라 행동했기 때문에 '옳았다'고 생각했다고 추론하는 것은 틀린 것 같다. 사실 헤겔은 안티고네가 그녀의 사회영역을 대표한 것으로 간주했을 따름이고, 이런 의미에서 그의 사회영역을 대표한 크레온보다 더 '현대적'이라고 간주하지는 않았다. 스스로 분명히 한 것처럼, 헤겔은 전통적 가치에 대한 존중에 따라 행동한 안티고네를 단지 독선과 분노에 따라 행동했다고 간주한 것이 크레온의 비극적 실수였다고 생각한다. "신의 법에 속하는 윤리적 의식[안티고네]은 상대방에게서 우연한 폭력적 활동(Gewalttätigkeit)만을 보는 반면, 인간의 법을 고수하는 의식[크레온]은 상대방에게서 고유한 독립적 존재(Fürsichsein, 대자적 존재)의 고집과 불복종만을 본다."(280) 이렇게 보면, 수많은 현대적 연출에도 불구하고, 이 비극을 국기에 대한 '개인'의 저항으로 해석하는 것은 시대착오적일 따름이며, 오히려 헤겔이 이 비극을 적절히 이해하고 있다고 주장할 수도 있을 것이다.

반면 그리스적 윤리가 지속될 수 없었던 이유는 그것이 크레온이 대표한 세속적인 합리적 국가에 적응하지 못했던 것이므로, 헤겔이 이 비극의 주인공을 크레온이라고 생각한다고 해석할 수도 있다.[9] 헤겔이 크레온에 대해 많은 논평자들보다 덜 분명하게 비판적이라는 것은 확실하다.[10] 헤겔에게 적대적인 평론가는 이 비극에 대한 그의 반응이 특이하다고 생각한다. 즉 헤겔은 안티고네가 대표하는 개인주의보다 크레온의 권위주의를 더 선호할 것임이 분명

---

9) "안티고네는 가장 기본적이고 '자연적'인 윤리의 붕괴와 '부르주아 시민사회'의 헤게모니에 반대하는 전투의 패배를 대표한다." R. C. Solomon, *In the Spirit of Hegel: A Study of G. W. F. Hegel's "Phenomenology of Spirit"*, Oxford University Press, 1983, p. 548.

10) 제브에 따르면, 소포클레스의 의도는 "우리로 하여금 이 논쟁에서 [안티고네]가 전적으로 옳고, [크레온]이 전적으로 틀리다는 감정을 갖게 하는" 것임은 의문의 여지가 없다. R. C. Jebb, "Introduction", in *The Antigone of Sophocles*, Cambridge University Press, 1902, p. xix.

하므로, "국가에 대한 거의 신비주의적인 숭배로 인해 헤겔이 어떻게 크레온을 '진정한 윤리적 파토스'의 대표자로 간주하는지를 쉽게 이해할 수 있다"는 것이다.[11] 그러나 나는 이 두 번째 설명도 첫 번째 것만큼이나 잘못이라고 생각한다. 첫째, 그것은 (이미 지적한 것처럼) 헤겔이 안티고네를 긍정적 시각에서 묘사하는 방식을 무시한다. 둘째, 헤겔이 많은 논평자들이 그래야 한다고 생각하는 것처럼 안티고네를 크레온보다 선호하지 않는다는 것이 그가 크레온의 입장이 옳다거나 안티고네의 입장보다 우월하다고 생각한다는 것을 의미하지는 않는다. 셋째, 헤겔이 그 자신의 권위주의적 정치철학 때문에 크레온을 찬미한다고 생각하는 논평자는 오도되고 있는데, 헤겔에 대한 어떤 적절한 독해도 그가 '국가에 대한 거의 신비주의적인 숭배'에 찬성했다는 주장을 지지할 수 없고, 이 비극에 대한 어떤 적절한 독해도 크레온을 단순한 독재자로 취급할 수 없기 때문이다.[12]

내 생각으로는, 사실 이 두 가지 설명의 오류는 헤겔이 '편을 들고자' 했다는 증거를 찾아 안티고네나 크레온이 그리스 사회가 적응할 수 없었고 따라서 그로 인해 붕괴할 수밖에 없었던 '현대성의 세력'의 대표자였음을 증명하려는 것이다. 더 나은 설명은 그리스 사회에서 안티고네와 크레온이 가족과 폴리스라는 영역에 자신의 충성을 고정했기 때문에, (폴리스에 소속된 정치적 인물이자 동시에 가족에 소속된 죽은 오빠라는 폴리네이케스라는 인물을 통해) 두 영역이 갈등에 빠질 때 그 갈등이 결코 해결될 수 없었다고 헤겔이 주장한다는 것이다. 내 생각으로, 헤겔이 볼 때 이런 대립이 불가피한 중심적 이유는 그리스적 윤리에서 각각의 개인(남성 또는 여성)이 자신의 [특수한 사회적] '지위'(Stand)를 가졌고 자신의 의

11) B. Vickers, *Towards Greek Tragedy: Drama, Myth, Society*, Longman, 1973, p. 535.

12) 헤겔의 정치관에 대한 유용한 검토는 S. Houlgate, *Freedom, Truth and History: An Introduction to Hegel's Philosophy*, Routledge, 1991, pp. 77-125를 참조하시오.

무가 이런 관점에서 규정된다고 이해했다는 사실인 것 같다. 헤겔은 그리스적 윤리의 이런 측면을 이렇게 묘사한다. "이런 윤리적 영역에서 자기의식은 아직 개별적 개인성(einzelne Individualität)으로서 정당하게 평가받지 못한다. 그곳에서 그것은 한 측면에서는 보편적 의지라는 가치를 갖고 다른 측면에서는 가족의 혈연이라는 가치를 가질 따름이다. 이 개인은 비현실적 외양이라는 가치를 가질 따름인 것이다."(279) 따라서 이런 의미에서 그리스의 윤리적 세계는 '개인'을 위한 충분한 공간을 갖지 못했기 때문에 붕괴했던 것이다. 안티고네가 국가에 대한 개인주의적 반역을 대표했기 때문이 아니라 안티고네도 크레온도 자신의 사회영역을 초월하여 다른 영역의 가치를 이해하지 못했기 때문이다. 사회적으로 규정된 이런 자기의식의 결과로 안티고네는 자신의 역할에 따라 오빠를 매장하는 것 이외의 선택은 없다고 생각했고, 마찬가지로 국가의 수장인 크레온은 매장을 금지하는 수밖에 없고 따라서 안티고네의 불복종을 처벌할 수밖에 없다고 생각했다. 헤겔이 안티고네와 크레온의 갈등을 비극적이라고 특징지은 것은 각자가 하나의 지배적인 윤리적 명령과 전적으로 동일화하기 때문이다. 누구도 윤리적 질서 속에서 자연적으로 결정된 장소에 따른 의무로부터 한 걸음 물러설 수 없다는 것이다.

> 윤리적 의식은 무엇을 해야 할지를 알고, 신의 법에 속할지 인간의 법에 속할지를 이미 결정한다. 이런 무매개적 결단은 암묵적 존재(Ansichsein, 즉자적 존재)이므로 동시에 자연적 존재의 의미를 갖는다. 상황 또는 선택의 우연성이 아니라 바로 자연이 하나의 성에 하나의 법을, 다른 성에 다른 법을 지정한다. 또는 역으로 두 개의 윤리적 권력 자체가 두 성에게 자신의 개별적 실존과 현실성을 부여한다.(280)

따라서 남성의 의무와 여성의 의무가 대립하는 문제가 제기되자마자 달리 행동할 수 없는 개인은 갈등에 빠질 수밖에 없다. 안티고네는 오빠를 매장해야 하고, 크레온은 국가의 법을 고수해야 한다. 따라서 양자는 자신의 행동에 대해 죄의식을 가질 수도 없는데, 그 결과가 재앙이라 할지라도 해야 할 것을 했다고 믿기 때문이다. 또한 양자는 상대방에 대해 공포나 개인적 원한을 갖지도 않는다.

> 행동하고 죄를 짓는 것은 이 개인이 아니다. 이 자기(Selbst)로서 그는 비현실적 외양일 따름이거나 보편적 자기로서만 존재하며, 개인성은 순수하게 행동 자체의 형태적 계기이고 그 내용은 개인에게는 그의 지위에 속하는 법과 관습이기 때문이다. 그는 류(Gattung, genus)로서 실체이며 실제로는 그 규정성에 의해 종(Art, species)이 되는데, 그러나 종은 여전히 류의 보편성으로 남는다. 인민 내부에서 자기의식은 보편성으로부터 특수성까지만 하강하고 배타적 자기, 그 행동에서 자신에게 부정적 현실성을 설정하는 개별적 개인성까지는 하강하지 않는다. 그 행동은 어떤 외부적 요소와도 혼합되지 않는 전체에 대한 확신, 공포도 적의도 없는 확신에 근거한다.(282-3)

따라서 개인은 사회적 책임에 따라 행동할 따름이다. 행동의 결과로 인한 수난은 개인이 자신의 행동이 상대방의 행동보다 윤리적으로 열등한 것이었음을 깨닫게 하지만, 그러나 여전히 이것은 윤리적 판단 착오가 아니라 오히려 운명 때문이라고 생각한다.

이 때문에 '안티고네인가 크레온인가?'라는 질문에 대해 헤겔은 거의 항상 균형 잡힌 입장을 취한다.13) 따라서 그는 양자를 현대적 입장(안티고네의 경우는 개인적 양심, 크레온의 경우는 세속적 국가)을 대표하는 것이 아니라, 그 기본적인 이원론을 극복할 방법을 갖지 못한 그리스의 윤리적 세계에 전형적인 것으로 간주한다. 따라서 그는 누구도 비난하지 않고, 오히려 각자를 그리스 사회의 붕괴를 초래한 제한된 윤리적 인식의 희생자로 간주한다.

---

13) "그리스 비극에 대한 헤겔의 이해는 그의 비판가 대부분보다 훨씬 뛰어나다. 그에 따르면, 아이스킬로스와 소포클레스의 위대한 비극의 중심에서 우리는 비극적 영웅이 아니라 비극적 갈등을 발견하는데, 갈등은 선과 악이 아니라 각각 약간의 선을 체화하는 일면적 입장 사이에서 발생한다." W. Kaufmann, "Hegel's Ideas about Tragedy", in W. E. Steinkraus, ed., *New Studies in Hegel's Philosophy*, Holt, Rinhart & Winston, 1971, p. 202. 비슷한 입장으로는 J. N. Shklar, *Freedom and Independence: A Study of the Political Ideas of Hegel's "Phenomenology of Mind"*, Cambridge University Press, 1976, pp. 82-3을 참조하시오.

두 개의 가장 높은 윤리적 권력의 충돌이 『안티고네』라는 최고의 절대적 사례에서 제시된다. 이 경우 내부적 생활과 내부적 감정에 속하는 신성한 가족의 사랑, 이 때문에 신의 법이라고 불리는 사랑이 국가의 법과 충돌한다. 크레온은 독재자가 아니라 윤리적 권력이다. 크레온은 불법을 저지르는 것이 아니다. 그는 국가의 법, 정부의 권위가 존중되어야 하며 법의 위반에는 처벌이 따른다고 주장한다. 각자는 하나의 윤리적 권력을 실현할 따름이고 그것만을 자신의 내용으로 가질 따름이다. 이것은 여기서 일면성의 요소이며, 영원한 정의의 의미는 이것으로 표현된다. 양자가 [일면적] 정의를 획득하지만, 그러나 동시에 양자는 바로 그런 일면성으로 인해 불의로 귀결된다. 정의와 대립하게 되는 것은 양자의 주장의 일면성일 따름이다.[14)]

따라서 어떤 논평자가 지적했듯이, "헤겔에 따르면, 인간이 세계 속에서 편안함['행복']을 발견하는 조화로운 에덴 동산을 떠나야 하는 것은 불행한 우연적 사실이 아니다. 오히려 이런 무매개적 계기가 지양되어야 하는 것이 개념적 필연성이다."[15)]

그런데 헤겔은 『정신현상학』에서 그리스인이 할 수 없었던 방식으로 우리가 이런 '일면성'을 초월할 수 있는 방식을 설명하지는 않는다. 대신 『법철학』이 가족과 국가, 신의 법과 인간의 법 사이의 갈등을 상세하게 검토하고 해결한다. 예를 들어, 현대 사회에서는 그리스 사회를 특징짓던 가족과 국가의 엄격한 분할이 존재하지 않는데, 남성이 가족에 속하는 동시에 국가에 속하기 때문이다. 가장으로서 남성은 국가 속에서 가족을 대표한다. 헤겔이 그리스 사회를 특징짓는 그 이외의 분할의 지양에 얼마나 성공했는지는 흥미로운 문제지만, 여기서는 더 이상 검토할 수 없다. 그런 지양이 얼마나 바람직한 것인가라는 문제도 마찬가지다.[16)]

---

14) Hegel, *Lectures on the Philosophy of Religion*, tr. by E. B. Speirs and J. B. Sanderson, Humanities Press, 1962, Vol. II, pp. 264-5.

15) J. Stewart, *The Unity of Hegel's "Phenomenology of Spirit"*, Northwestern University Press, 2000, p. 309.

16) M. Nussbaum, *The Fragility of Goodness*, Cambridge University Press, 1986, p. 68.

『안티고네』를 검토한 다음 [『정신현상학』에서] 헤겔은 그리스 사회에서 가족과 국가 사이의 잠재적 긴장이 그 윤리적 차이로 인해 두 영역이 갈등에 빠지면서 현재화되었던 방식을 검토한다. 한편으로 국가는 여성의 '분리주의'와 가족에 대한 '특수주의적' 충성을 해체시키려고 시도한 반면, "공동체의 영원한 아이러니로서 여성"(288)은 청년이 연장자의 권위에 도전하도록 자극하여 연장자로 하여금 자신의 위치를 보존하기 위해 청년을 전쟁터로 보냄으로써 국가가 쇠퇴하는 원천이 되었다. 이런 끊임없는 갈등 속에서 그리스적 윤리의 의식적 만족은 상실되었다. 폴리스의 "살아 있는 통일성"이 "다수의 원자(Punkt)로 해체되면서"(289) 개인은 사회적 동일성을 상실했다.

로마 사회

마지막 c소절 「법적 지위」에서 헤겔은 로마 제국에 의해 건설된 사회가 폴리스의 이런 '해체'에 의해 형성되었고 그 결과 개인은 이제 자신을 시민이 아니라 인격(Person)으로 의식하게 되었다고 주장한다.17) 헤겔에게서 '인격'은 본질적으로 현대 사회의 범주인데, 그것에 의해 개인은 자신이 사적 영역에서 고유한 이익, 타인의 간섭으로부터 법적으로 보호받는 이익을 갖는 것으로 의식한다. 개인이 보편적인 윤리적 실체에 속하는 동시에 특수한 사회적 지위를 갖는 것으로 의식되는 그리스 사회와 달리 '인격'으로서 개인은 자신을 추상적 관점에서 의식한다.18) 인격성은 "자기의식 일반으로서

---

17) Hegel, "The Positivity of the Christian Religion", in *Early Theological Writings*, tr. by T. M. Knox, University of Chicago Press, 1948, pp. 156-7 참조.

18) 헤겔은 이 시기에 스토아주의가 주창한 금욕이 매력을 지녔던 것은 이 때문이라고 주장한다. ['노예의 이데올로기'로서 스토아주의는 추상적 정신으로서 이성에 따른 생활, 즉 금욕에서 자유를 발견한다.]

그것(es)"(291)만을 요구하므로, 인격의 행동은 자신을 위해 소유를 확보하는 것이다. 사적 소유가 다른 개인으로 하여금 소유자의 법적 지위를 인정하도록 강제하지만, 그것[소유]은 항상 이전되거나 법적으로 '양도될'(alienated, 소외될) 수 있으므로 어떤 개인도 (안티고네와 크레온이 사회적 역할에 의해 정의되는 것처럼) 소유에 의해 정의되지는 않는다. 따라서 인격은 세계 자체와 교류하지 않는다.[19]

『법철학』에서 헤겔은 이런 인격성 개념으로 이성적 국가에 대한 설명을 시작한다. 그러나 헤겔은 이성적 국가가 단지 이런 사회적 범주만으로는 구성될 수 없고 인격성이 덜 추상적이고 덜 법적인 자기의식과 평형을 달성해야 함을 분명히 하는데, 이 때문에 그리스적 윤리의 '행복한 상태'를 특징짓는 정치 공동체를 위한 여지가 마련된다. 또한 헤겔은『정신현상학』에서 로마 제국이 대표하는 사회구조의 일면성을 부각시키려고 시도한다. 내 생각으로 헤겔이 식별한 곤란은 이런 것이다. 한편으로 로마 국가를 구성하는 법적 인격이 사회적 통일성을 의식할 수 있는 유일한 방식은 국가의 주권을 체현한 황제라는 인물을 통해서였고, 다른 한편으로 정치 공동체가 자기이익을 추구하는 개인의 집단으로 해체되면서 황제가 그런 개인과 대립하여 독재자가 되어 사회적 통일성을 해체함으로써 국가를 옹호할 수 있었을 따름이다. 일단 황제의 자의적 권력에 종속되자마자 곧 로마인은 법적 권리에 대한 호소가 얼마나 공허하고 '권력이 법인' 자의적인 윤리적 세계에서 자신이 얼마나 외로운가를 깨닫게 되었다.[20]

---

19) 헤겔은 이런 관점을 [스토아주의적 합리주의에 대한 절망으로서] 회의주의와 관련짓는다.

20) 헤겔에 따르면, 이렇게 소외된 세계 속에서 '편안함'[탈소외로서 '행복']을 위해 투쟁하는 것이 바로 '불행한 의식'이다. [스토아주의적 이성과 회의주의적 절망을 거쳐 '불행한 의식'에 도달한 자기의식으로서 기독교는 삼위일체론을 발명하는데, 보편성으로서 성부와 개별성으로서 성자 사이의 화해를 상징하는 것이 성령으로 충만한 교회다.]

헤겔 『법철학』에서 가족*)

더들리 노울즈

가족생활에 대한 헤겔의 설명은 우리 대부분이 친숙한 주제와 관련된다. 그것은 가정성(家庭性)의 이상으로서 현대 핵가족을 묘사하므로, 독자는 그것을 자신이 찬성하거나 반대하는 패러다임에 대한 묘사로 간주할 것이다. 그것은 우리 모두가 일정한 견해를 갖고 있는 바 가족생활을 특징짓는 감정으로서 사랑에 대한 설명을

---

*) Dudley Knowles, *Hegel and the "Philosophy of Right"*, Routledge Philosophy Guidebooks, Routledge, 2002, pp. 241-59. 괄호 안의 숫자는 G. W. F. Hegel, *Elements of the Philosophy of Right*, tr. by H. B. Nisbet, Cambridge University Press, 1991의 본문의 문단을 가리키고, R은 헤겔의 비고(Remarks, Anmerkungen), A는 그의 제자 에두아르트 간스에 의한 추기(Additions, Zusätze)를 가리킨다. 『법철학』의 인용은 원문을 대조하여 약간 수정했다.

참고로, 『철학백과사전』의 3부인 『정신철학』은 주관정신·객관정신·절대정신으로 구성되는데, 주관정신은 인간학(영혼)·정신현상학(의식)·심리학(정신), 객관정신은 권리·도덕·윤리, 절대정신은 예술·종교·철학으로 구성된다. 객관정신이 곧 『법철학』의 대상인데, 권리는 소유·계약·불법(Unrecht), 도덕은 목적·의도·양심, 윤리는 가족·부르주아 시민사회·국가로 구성된다. 또 가족은 결혼·가족의 재산·자녀의 교육과 가족의 해체, 부르주아 시민사회는 '욕구의 체계'(경제)·사법·폴리차이(Polizei, 규제)와 코퍼레이션, 국가는 헌법·국제법·세계사로 구성된다.

제시한다. 그것은 남성과 여성의 기질[성격과 능력]의 차이를 묘사하면서 성적 분업을 명시적으로 옹호한다. 따라서 그것은 페미니스트에게 명확한 타겟을 제공한다. 우리 모두는 헤겔이 검토하는 주제에 대해 일가견을 갖고 있어서 가족생활에 대한 연구를 통해 우리의 변증법적 능력을 심화시킬 수 있다. 그러나 우리는 이를 통해 윤리 개념을 더 완전히 이해하는 것이 주요한 과제임을 잊어서는 안 된다. 특히 우리는 가정성의 의무가 무엇에 해당하는지, 게다가 의무에 충실한 행동이 어떻게 해방이 될 수 있는지를 이해하고자 한다. 가족생활에 대한 연구가 좋은 실험 사례가 될 수 있는 것은 특히 그 중심적 특징으로서 결혼이 자유라기보다는 구속이라고 흔히 생각되어 왔기 때문이다.

사랑

헤겔은 여러 차례 사랑에 대해 사고하고 집필했다. 1797-98년에 아마도 횔덜린과의 감상적인 토론에 자극을 받아 그는 「사랑」에 대한 유명한 단편을 집필하고 수정했는데, 여기서 그는 신에 대한 인류의 사랑뿐만 아니라 또한 남성과 여성 사이의 육체적이고 감정적인 사랑도 분석한다.[1] 『대논리학』과 『소논리학』에서 사랑은 개별적 개인이 다른 개인에게서 편안함(bei sich, at home)을 발견함으로써 자신의 분리를 지양하는 것을 모델로 하는 자유 개념(즉 개념 일반)을 상징한다.[2](…)헤겔은 우리가 가족 안에서 어떻게 철학적

1) Hegel, "Love", *Early Theological Writings*, tr. by T, M. Knox, University of Chicago Press, 1948, pp. 302-8. 이 단편에 대한 치밀한 검토는 H. Harris, *Hegel's Development: Toward the Sunlight, 1770-1801*, Clarendon Press, 1972, pp. 298-310을 참조하시오.

2) *Hegel's Science of Logic*, tr. by A. V. Miller, George Allen & Unwin, 1969, p. 603; *Hegel's Logic*, Part I of *The Encyclopaedia of the Philosophical Sciences*, tr. by W. Wallace, Clarendon Press, 1975, §158A.

으로 또 문자 그대로 편안한지를 상세하게 설명한다.

가족생활에서 객관정신의 구체적 형태, 즉 "정신의 무매개적 실체성"(§158)은 사랑의 감정이다. 우리는 곧장 사랑이 자연적 감정, 칸트의 이분법에 따라 말하자면 [의무와 구별되는] 성향(Neigung, inclination)임에 주목해야 한다. 앞으로 우리는 가족생활에 대한 헤겔의 설명이 칸트의 견해에 반대하면서 전개된다는 것을 알게 될 것이다. 헤겔이 이런 반대를 선전하고 있지는 않지만, 윤리적 영역으로서 가족생활에 대한 그의 분석은 사실 칸트의 도덕심리학에 대한 격렬한 비판을 반복하는 것이다. 칸트에게는 가장 감미로운 성향조차도 심리적 혼란, 준엄하지만 순수한 의무의 목소리를 압도할 수 있는 감정적 '소음'임을 상기하자. 의무적 행동에 대한 칸트의 모델이 염세적인 인간혐오주의자라면,[3] 우리는 그의 도덕 개념이 가족생활에 대한 왜곡된 묘사를 제시한다고 예상할 수 있다. 가족을 사랑하는 것은 도덕적으로 혼란스런 일일 것이다. 가족생활을 특징짓는 맹목적 사랑은 진정한 도덕적 가치를 갖는 행동을 차단할 것이다.

반면 헤겔의 훨씬 더 그럴 듯한 설명에서 가족생활의 모든 만족과 의무는 감정으로서 사랑의 동일화에서 도출된다. 결혼한 부부는 서로를 사랑하고, 부모는 자녀를 사랑한다. (그리고 자녀도 부모를 사랑하는데, 그러나 같은 정도는 아니다!) 사랑의 모델은 남편과 부인 사이의 사랑이다. 앞으로 우리는 헤겔이 사랑을 무엇이라고 생각하는지를 연구하고 또 그 모범적 사례로서 부부 사이의 사랑을 검토할 것이다. 독자로서는 이렇게 하는 것이 옳지 않다고 생각할지도 모르겠다. 물론 연인 사이의 사랑을 연구할 필요가 있는데, 부부가 서로를 사랑할 수도 사랑하지 않을 수도 있기 때문이다. 우리

또 M. Westphal, "Hegels' Theory of the Concept", in W. Steinkraus and K. Schmitz, eds., *Art and Logic in Hegel's Phenomenology*, Humanities Press, 1980을 참조하시오.

3) Kant, "Groundwork of the Metaphysics of Morals", in *Practical Philosophy*, tr. by M. J. Gregor, Cambridge University Press, 1996, pp. 53-4.

의 주요 관심사가 사랑에 대한 연구라면, 그렇게 하는 것이 분명 옳을 것이다. 그러나 우리는 가족생활을 이해하고자 하는 것이고, 헤겔의 설명에서는 부부 사이의 사랑이 주요 개념이 된다.

헤겔은 「가족」 장의 첫 문단에서 사랑이 "그 자신의 통일성에 대한 정신의 감정이며, [그런 가족의 통일성 속에서] 개인은 독립적 인격(Person für sich, 대자적 인격)이 아니라 그 성원으로 존재한다"(§158)고 말한다. 사랑에 대한 헤겔의 웅장한 설명은 형이상학적·윤리적·심리적 차원을 갖는다. 이것들을 차례대로 검토해보자. 형이상학적으로 볼 때, 처음에 연인은 「추상적 권리」 부에서 검토된 의미에서의 인격으로 의식된다. 그들은 독립적인 도덕적 실존자의 지위를 갖는 개별적 존재다. 그러나 독립의 대가는 고립과 자기에 대한 빈곤해진 의식이다. 개인이 진정으로 무엇인가에 대한 더 완전한 이해는 "나의 독립적 존재(Fürsichsein, 대자적 존재)를 포기할 것"(§158A)을 요구한다. 이것은 독립적 존재가 다른 존재와 결합할[통일할] 때 달성된다. 형이상학적으로, 사랑이라는 현상은 새로운 통일성의 존재, 독립성을 포기함으로써 통일성을 달성하는 사랑하는 인격의 존재를 입증한다. 마치 사랑을 통해 세계를 구성하는 인격의 수가 절반으로 감소하는 것 같다. 두 명의 인격이 한 명의 인격으로 감소하면서 일인칭 복수의 언어로 말한다. 이제까지 두 명의 '내'가 존재했다면, 이제 '우리'가 존재하는 것이다.

사랑하는 부부라는 형이상학적 '우리'는 윤리적 목소리로 말한다. 도덕적 세계에서 개별적 인격은 자기의 이익 또는 타인의 이익에 따라 행동한다. 그가 자기의 이익을 증진시키려고 노력한다면, 그는 이기적 방식으로 행동하는 것이다. 그가 타인의 이익을 증진시키려고 노력한다면, 그는 이타적 방식으로 행동하는 것이다. 결혼에 대한 헤겔의 설명에서 볼 것처럼 인격들이 결합할 때, 이런 구별은 제거된다. 일인칭 복수로 결합하는 인격들은 자기나 타인의 이익을 증진시키려고 노력하는 것이 아니다. 그들은 '우리'에게 가장 큰 선이 무엇인가를 질문한다.4) 이런 입장은 이기주의와 이타주의의 구별을 초월하기 때문에 그것을 '자기지시적(self-referential) 이타주의'라는 역설적 용어로 특징지어서는 안 된다.

이기주의와 이타주의의 이분법을 초월한다는 '우리'의 윤리적 시각이 '우리'라는 형이상학적 구성물 없이도 달성될 수 있는가 여부는 훌륭한 철학적 질문이다. 나는 타인의 이익을 어떻게 전략적으로 또 신중하게 고려할 것인가에 대한 사례에 대해 생각할 수 있지만(예컨대 나는 장인의 이익을 증진시킴으로써 나의 이익도 증진시킬 수 있다), 그러나 이것은 윤리적 시각이 아니다. 나는 시혜자와 수혜자 사이의 차이에 대한 명확한 의식을 요구하는 이타적 행동의 사례에 대해 생각할 수 있다("하나님 덕분에 나는 거리에서 구걸하는 신세를 면했다. 하나님의 은총이 없었더라면 나는 거리에서 구걸하고 있을 것이다"). 이런 도덕적 관점은 표준적인 '나'-'당신' 또는 '자기'-'타인'의 이분법의 초월을 입증하지 않는다. 개별적으로보다는 집단적으로 추구하는 것이 더 효율적인 공동의 프로젝트에 대해 개별적으로 동일화하는 인격들의 사례가 존재한다. 따라서 자녀들의 교육을 개선하려는 부모들이 분업의 이익을 위해 위원회 구조를 갖는 사친회를 결성할 수 있는 것이다. 모든 자녀들의 교육의 개선이 자신의 자녀의 교육의 개선을 위한 최선의 전략적 경로라고 믿는다면, 이 부모들은 함께 행동하고 '우리'로서 말하면서 (루소적인 관점에서 볼 때) 그 '특수한 이익'을 추구하고 있다. 그러나 (헤겔이 나중에 부르주아 시민사회를 검토하면서 강조하듯이) 사태의 본성상 이런 종류의 우연한 전략적 동맹은 종종 진정한 '일반적 이익', (헤겔적인 의미에서는) '보편적' 이익으로 변형될 것인데, 모든 인격의 의지를 확보하려는 집단적 활동, 특수한 이익의 보편적 달성은 이제까지 부재하던 보편적 (즉 진정한 의미에서 공동의) 시각을 창조할 것이기 때문이다. 서로의 자녀들의 교육을 능동적으로

4) 가족생활에 대한 헤겔의 설명이 이타주의의 윤리를 토대로 한다고 생각하는 오킨이 틀린 것은 이 때문이다. S. Okin, *Women in Western Political Thought*, Princeton University Press, 1979, pp. 284-5.

배려하는 부모들의 윤리적 시각은 '비공식적으로' 창조된 의도치 않은 형이상학적 통일성에 의해 설명된다.

이런 창조적인 사회적 과정의 작동에서 관찰될 수 있는 논리적 또는 자연적 필연성이란 존재하지 않는다. 정치사가 입증하듯이, 우연적 동맹자의 '우리'는 종종 취약하다. 요컨대, 우리 모두가 알고 있듯이, 자기이익이 규칙인 게임(예컨대, 외교, 독점, 등등)이 존재한다는 것은 사실이다. 단지 한 사람만 이길 수 있기 때문에, 모든 동맹은 일시적·전략적인 것이고 협정은 신뢰할 수 없으며 이익을 위한 기만은 죄가 안 된다. 어떤 이는 이것이 대기업의 사업 방식이라고 생각할 것이고, 어떤 이는 '사랑과 전쟁에서는 모든 것이 공정하다(fair)'고 생각할 것이다. 분명 묘책이 샘솟는 이들의 생각이 때때로 (그러나 자신들의 생각보다는 덜 자주) 옳을 것이다. 그러나 대부분의 경우 이들은 "정의 같은 것은 존재하지 않는다고 마음 속으로 말했던 바보"에게 준 홉즈의 교훈을 경청해야 한다.[5] 바보는 운 좋게도 그렇게 지낼 수 있다. 그러나 오래 버티지는 못할 것이다. 그가 믿을 수 없는 사람이라는 소문은 빠르게 멀리 널리 퍼질 것이다. 그는 자신에게 동맹자가 거의 없음을 알게 될 것이다.

'우리'가 특수한 이익의 잠정적 일치를 의미할 수 있다. 그러나 다른 많은 경우에, '내'가 스스로 돕겠다고 제안한 사람과 어떤 방식으로든 동일화하지 않는다면, '나'는 '우리의' 이익이 증진된다고 믿기 어려움을 알게 될 것이다. 그녀가 가족 성원, 직장 동료 또는 동료 시민이라면(원은 더 확대될 수 있다), 나는 곤경에 처한 우리가 서로를 배려해야 한다고 생각하는 방식으로 반응할 것이다. 그런 훌륭한 생각은 공동의 동일성에 대한 우선적 인정을 요구한다.

이제 우리가 검토해온 '동일성'이 논리적 동일성이 아님[즉 형이상학적이고 윤리적인 동일성임]이 분명해졌을 것이다. 연인들은 '우리'의 언어를 말할 때 일인칭 복수를 사용한다. 『영국국교회기도서』가 말해주듯이, 부부는 하나의 인격이 된다. 그러나 이것이 마릴린

5) Hobbes, *Leviathan*, Penguin, 1985, Part I, Ch. 15, p. 203.

먼로가 노마 진과 동일인이듯이 로미오와 줄리엣이 동일인이라는 의미는 아니다. '우리'라고 진지하고 분명하게 말할 때의 동일성은 형이상학적 구성물이다. 이것이 이상하게 들릴지라도, 사실 그렇지는 않다. 동일성은 '우리의' 이익이 동맹자 중 하나의 자기이익에 의해 거부될 수 있음을 부정하는 것을 의미한다.

헤겔은 심리적으로 (또 어쩌면 논리적으로) 우리가 타인에 의한 인정 없이는 독립적 자기의식으로서 자신에 대한 의식을 달성할 수 없다고 주장한다. 이것이 『정신현상학』에서 제시되는 생사의 투쟁의 주인공들의 비극['주인과 노예의 변증법']이다.[6] 사랑에 대한 초기의 사상을 고려할 때, 자기의식의 전개에 대한 설명의 이 지점에서 헤겔이 왜 전쟁이 아니라 사랑을 통한 인정을 강조하지 않았는가라는 것은 훌륭한 질문이다. (결국 사랑은 전쟁이 위험에 빠트릴 따름인 것, 즉 독립적 자기의 상실을 달성한다.) 행위자가 추구하는 것은 그의 윤리적 입장에 대한 인정이다. 사랑은 이것을 제공한다. "나는 다른 인격 안에서 자신을 발견한다. 나는 이 인격 안에서 인정을 획득하고 그녀는 내 안에서 인정을 획득한다."(§158A)

사랑, 즉 자신이 동일화하는 타인에 대한 헌신 속에서 독립성을 상실함으로써 자신의 본성을 표현하는 독립적 의식의 전략 안에 모순적인 어떤 것이 존재한다고 간주한다는 점에서 헤겔이 옳다. 동일화는 우연적이며 지속되지 않을 수 있다. 부부의 결합이 이혼에 의해 해체되면서 개별적 인격이 다시 출현할 수 있다. 여기서 잠재적 모순이 발견된다. 부부가 각자의 독립적 영역을 위해 가족의 통일성 안에서 공간을 확보할 수도 있는 것이다. 부부의 사랑이 독립적 활동 영역에 대한 상호 존중으로 인해 훼손되지는 않을 것이다. 그러나 앞으로 볼 것처럼 헤겔로서는 이것을 허용할 수 없다.

우리는 사랑의 관계를 구성하는 형이상학적·윤리적·심리적 요소 속에서 자유의 중요한 양상을 인정해야 한다.

---

6) *Hegel's Phenomenology of Spirit*, tr. by A. V. Miller, Clarendon Press, 1977, pp. 113-5.

우리가 루소의 핵심적 주장의 하나를 지지한다면, 우리는 독립의 조건을 자유의 패러다임으로 이해하게 된다. 헤겔은 이것에 반대하여 우리가 사랑에서처럼 독립적 존재를 포기함으로써 타인 안에서 "자기를 발견할" 때 자신에 대해 무엇인가를 배운다고 주장한다. 우리는 연인에 대해 장기적으로 헌신할 수 있음을 배우고, 이것을 앎으로써 우리는 독립적이지만 사랑은 없는 존재가 "결함 있고 불완전하다"(§158A)는 감정을 갖게 된다. 고독한 자기는 마치 우리가 석방을 열망하는 감옥 같은 것이다. 우리는 사랑을 통해 인격적 고립으로부터 자유를 달성한다. 우리는 타인에 대한 사랑을 통해 자기를 상실할 때 자신을 풍요롭게 한다. 나는 이런 것이 진실이라고 생각한다.

결혼

우리는 친구를 사랑하고, 바라건대 부모와 자녀를 사랑한다. 그러나 부부 사이의 사랑에는 차이가 있는데, 그것이 성적 관계이기 때문이다. 성적으로 재생산하는 종의 성원의 생애사에서 [성적] 결합은 자연적인 것이다. 헤겔은 자연법에 따르는 짝짓기 행동이 결혼의 모든 것이라고 믿는 것은 잘못이라고 믿는다(§161A). 또한 결혼을 "성적 결합(*commercium sexuale*, 성적 거래), 인간들 사이의 성적 기관과 능력의 상호 이용"[7]을 허용하는 계약으로 묘사하는 것은 조야한—"비열한"(§75R)—오류다. 이것은 결혼을 "당사자가 서로를 이용할 수 있는 자격을 부여하는 계약"(§161A)으로 타락시킨다. 헤겔이 논점을 명시하지는 않지만, 그러나 칸트에 대한 묵시적인 개인적 비판[인식공격]은 분명하다. 인간이 자신을 다른 인간의 향유를 위한 사물(요즘 성적 대상이라고 부르는 것)로 만드는

7) Kant, "The Metaphysics of Morals", in *op. cit.*, p. 426.

것이 어떻게 옳을 수 있는가? 칸트 자신도 문제를 인정한다. 인격이 그 자신의 인권을 침해하는 것이 정당한 유일한 조건은 두 당사자가 결혼계약에 동의함으로써 그렇게 하는 것이다. 기이하게도 칸트는 이것이 사태를 악화하기보다는 해결한다고 믿는다.

헤겔 자신은 결혼의 기원이 서로를 인격들로 인정하는 개인들 사이의 계약(Vertrag)의 관점, 즉 추상적 권리의 관점에서 수행되는 상호 동의의 행위라고 믿는다. 그러나 결혼 **그 자체**는 계약이 아닌데, 그렇다면 당사자가 서로를 개별적이고 외부적인 사물로 간주할 것이기 때문이다. 결혼의 목적은 오히려 "계약의 관점의 지양"이다(§163R).[8] 결혼의 주관적 기원이 두 인격의 감정이나 부모의 계획에 있을 수 있다. 그러나 후자의 경우에도 부모는 사랑 속에서 결합할 것으로 판단되는 배우자를 결정한다(그리고 지각 있는 부모라면 자신들의 제안에 대해 자녀의 의견을 들을 것이다). 그들은 정치 동맹을 결성하거나 사업 구상을 추진하는 것이 아니다(§162A). 헤겔은 어떤 것이 최선인가에 대해서는 분명하게 말하지 않는다. 내가 보기에, 결혼하려는 자녀가 부모의 지도를 받으려고 최선을 다하려고 할 것이라는 것이 그의 생각일 것 같다. 그러나 그는 현대 세계에서 극작가와 소설가가 연애를 특권화했음을 충분히 잘 알고 있다. 피곤한 노인은 "요즘은 연애를 가장 중요한 요인으로 간주한다"(§162A)고 말하면서 그렇게 말하지 않는다면 의심스러워할

---

8) 이 구절에 대한 녹스의 번역("[결혼]은 바로 계약의 관점을 초월하는 계약이다")은 헤겔의 주장을 불필요하게 역설적으로 보이게 만든다. *Hegel's Philosophy of Right*, tr. by T. M. Knox, Clarendon Press, 1952. 이로 인해 몇몇 비판가가 오도되는데, 예컨대 페이트먼은 "결혼을 단지 계약으로 간주하는 것이 부끄러운 일이라고 선언한 이론가가 왜 여전히 결혼의 기원은 계약이라고 주장하는가?"라고 질문한다. C. Pateman, *The Sexual Contract*, Polity Press, 1988, p. 179. 헤겔은 그렇게 주장하지 않는다. 그는 서로에게 개별적 인격인 당사자의 자유로운 동의에 대해 말한다(§162). 또 "결혼이라는 윤리적 유대에 대해 동의한다는 엄숙한 선언"을 "계약의 체결"과 구별하는데, 물론 양자는 각각 공적 의례와 재산의 이전이라는 방식으로 외부적으로 구체화된다(§164). 모든 연인이 알고 있다고 헤겔이 생각하듯이, 상호 동의가 항상 계약인 것은 아니다.

학생들에게 양보한다.

결혼의 객관적 기원은 종교적 또는 시민적 행사인데, 이 때 이제까지 독립적이던 두 인격이 "하나의 인격을 구성하여 이런 결합 속에서 그들의 자연적이고 개별적인 인격성을 포기한다고 [자유롭게] 동의한다". 이런 포기라는 요소는 "결합이 자기제한이지만, 그러나 그들이 그런 제한 속에서 실체적 자기의식을 획득하므로 그것은 사실상 해방임"을 시사한다(§162). 이미 지적한 것처럼, 사랑이라는 관계에서 달성되는 자기의 상실과 동시에 풍요화는 인격적 고립(의 빈곤)으로부터의 해방이다. 우리는 헌신적 부부 사이의 사랑이 그 이상의 또는 더 심오한 또는 더 구체적인 해방의 양식을 약속하는지에 대해 질문해야 한다.

헤겔은 그렇다고 말한다(물론 우리가 연애 중인 무모한 젊은이거나 아니면 나이가 들었지만 [연애라는] 모험을 시작하고 있다면, 이 말에 대해 의심을 가질 것이다). 부부의 결합은 "사랑, 신뢰, 개별적 실존 전체의 공유(Gemeinsamkeit)"를 약속한다. 이런 상태에서 성적 본능은 "그것의 만족 자체에서 소멸하는 자연적 계기의 양상"으로 감축된다(§163). 우리는 헤겔이 무엇을 의미하는지 알고 있다. 성욕은 급박한 것이다. 성적 욕망은 만족과 방출을 요구하지만, 슬프게도 일시적이다. 그러나 결혼에서 이런 욕망은 규율될 수 있다. 특수한 결혼의 성적 체제가 무엇이든(하룻밤에 두 번 또는 일주일에 한 번 플러스 크리스마스와 생일에 각각 한 번), 그것은 결합, "정념과 특수한 일시적 변덕의 우연성 위로 승화되는 정신적 유대"(§163)라는 사실 속에 포괄된다.[9)]

분명 헤겔이 자유의 중요한 요소로 선호하는 것은 안정된 가정

9) 나는 헤겔의 용어법이 은폐하는 세부 사항에 대해 상상하지 않을 수 없는데, 그는 학생들 앞에서 성의 희극적 측면에 대해 언급할 수 없었을 것이다. "정념의 우연성 위로", 이 말은 부부가 순간의 긴박성을 무시함을 시사하는데, 그렇게 하지 않는다면 두통이 있더라도 그것에 굴복하게 된다. "특수한 일시적 변덕의 우연성 위로", 이 말은 부부가 사이렌 소리[경보음]에 취약한 것은 아님을 시사한다.

성인데, 여기서 성욕을 위한 장소는 부차적이다. 성적 본능을 통제하는 최선의, 가장 덜 교란적인 방법은 장기적인 친밀한 동반자 관계를 목적으로 설정하고 (실천적으로는 보통 그렇게 할 수 없더라도) 원칙적으로는 해체할 수 없는 결합에 헌신하는 것이다(§163A). 이 점에서 아마 헤겔이 옳을 것이다. 사랑은 쉽다. 관리하고 통제하기 어려운 것은 성이다. 헤겔은 인류가 부부 사이의 사랑에서 성욕의 통제할 수 없는 명령이 필요로 하는 자기규율을 실현할 수 있는 최선의 방법을 발견했다고 믿는다. 그러나 그것은 자기에 대한 확대된 의식, 타인을 배우자로 포괄하는 의식을 요구하는 규율이다. "자연적 생활에 속하는 감각적 계기는 그 윤리적 관계에서 윤리적 유대의 외부적 실존에 속하는 우연적 결과로 설정되는데, 이런 유대는 서로의 사랑과 지지로만 구성될 수 있다"(§164).

이 점에는 동의하면서도 결혼이 왜 필요한가에 대해 질문할 수 있다. 연인이 왜 헤겔이 주장하는 것처럼 교회 또는 호적등기소에서 특수한 의례를 거쳐야 하는가? 형식성이 연인의 상호 헌신의 순수성을 손상하지 않는가? 그것은 "이런 결합의 내향성에 반대되는 외부적 요인"(§164R)이 아닌가? 결혼이 사랑의 헌신성을 감소시킨다는 견해는 요즘 우리에게 친숙한 것이다. 많은 독자가 그런 견해를 가질 수 있으며, 그렇지 않더라도 그런 견해를 갖는 친구, 자녀 또는 부모가 있을 것이다. 이런 질문에 대해 헤겔은 단순한 "관계"는 그 원천으로서 "감각적 성향의 우연성과 자의성"에 의해 왜곡될 것이라는 철학적 대답을 제시할 것 같다(§164R). 그런 관계는 긴장을 드러낼 것인데, 그런 긴장은 공적 의례에서 증명되는 객관적 헌신에 의해 해결된다. 결혼하지 않은 연인은 부부보다 더 자유롭지 않고 오히려 덜 자유로운데, 그런 관계를 유지하기 위해 그들이 갖고 있는 모든 것이 정념의 우연성이기 때문이다. 연인은 강력한 동시에 일시적인 힘에 취약하다.

진정한 헌신을 형식화하는 결혼은 과거의 구속(dead hand)인가? 종교적인 또는 시민적인 공적 의례는 본질적으로 (사적이므로) 인격적인 관계를 손상하거나 훼손하는가? 반대로 그것은 인격적 자유에 본질적인 성욕의 규율을 강화하는 해방인가? 이는 헤겔이 학생들을 위한 강의록으로 『법철학』을 집필할 때보다 요즘에 더 생생한 질문이다. 자유결합의 주장이 유혹자의 면허장이더라도(§164A), 요즘 유혹자는 두 성 모두일 수 있으므로 해방된(loose) 여성에 대한 특별한 불명예가 되지 않기 때문이다. 독자가 이 문제를 난감한 문제라고 생각하더라도, 나에게 충고를 바라지는 마시라. 나도 난감하기는 마찬가지다.

헤겔의 시대에도 자유로운 독립적 여성들이 있었는데, 그는 자신의 전 생애에 걸쳐 지식인 살롱에서 그녀들을 만났다.[10] 그는 그녀들을 만나면 불편해했고, 그녀들도 그를 만나면 불편해하기는 마찬가지였다. 그는 남성과 여성의 기질의 차이와 그에 따른 가족 안에서의 성적 분업에 대해 집필하면서 이 현상에 대해 무시하는 것 같다. 물론 우리는 그가 말하지 않은 [마음 속의] 이야기에 대해 추측할 수 있다. 격분한 여성혐오주의자 또는 자신의 행운을 감추려고 하거나 아니면 야망의 결여를 변명하려는 자기기만적 여성이 아니라면, 요즘 누구도 그 이야기를 받아들일 것이라고 믿을 수는 없다. 다음과 같은 것이 본질적 특징이다.

> 따라서 남성은 국가, 학문, 등등, 아니면 외부 세계 및 자기 자신과의 투쟁 및 노동에서[즉 가족의 외부에서] 그의 현실적인 실체적 생활을 발견한다. 그러나 여성은 가족에서 그녀의 실체적 소명을 발견하고 그녀의 윤리적 성격은 이런 [가족적] 경건성[즉 자녀(Kinder), 교회(Kirche), 주방(Küche)]으로 구성된다."(§166)

10) 도로테아 슐레겔과 카롤리네 슐레겔-셸링이 분명한 사례다. 자세한 것은 T. Pinkard, *Hegel: A Biography*, Cambridge University Press, 2000 [국역: 이제이북스, 2006]을 참조하시오. [도로테아는 동생 프리드리히의 부인이었고, 카롤리네는 형 아우구스트의 부인이었다가 셸링의 부인이 되었다. 프리드리히가 도로테아와의 연애 경험을 바탕으로 쓴 자전적 소설이 바로 『루신데』인데, 이 소설에 대한 헤겔의 반응은 이 책에 실린 퍼트리셔 밀즈, 「페미니즘적 헤겔 해석: 개관」을 참조하시오.]

강의실에서 사태는 더욱 악화된다.

> 여성이 교육을 받을 수도 있지만, 그러나 그녀는 고등학문, 철학에 적합하지는 않다. 그녀는 직관, 취미, 우아함을 갖고 있지만, 이상[관념]을 갖고 있지는 않다. 남성과 여성의 차이는 동물과 식물의 차이다.[11] 여성이 정부를 책임진다면, 국가는 위기에 빠질 것이다[!].(§166A)

여기서 쟁점이 되는 일반적 문제, 즉 남성과 여성이 윤리적으로 중요한 기질적 차이를 갖는가라는 문제는 아직 미해결이다. 페미니즘 운동 내부에서조차 그런 주장을 수용하는 여성도 있고 반박하는 여성도 있다. 그러나 (이상적) 가정이 성적 분업을 토대로 조직되어야 한다는 헤겔의 견해는 부정되어야 한다. 헤겔은 이런 가족 구조가 남성과 여성이 각자 자신의 기질적 차이를 이용하고 실현한다는 바로 그런 의미에서 해방적이라고 믿었다. 그의 견해는 동일한 근거에서 기각될 수 있다. 자유란 여성이 가족 외부에서의 노동을 필요로 하거나 원한다면 그것을 위한 기질을 발휘할 수 있어야 할 것을 요구하고, 남성이 가족 안에서 가정적 활동을 위한 책임을 수용함으로써 친밀성을 위한 욕망을 표현할 수 있는 기회를 가질 것을 요구하기 때문이다. 각각의 가족 안에서의 분업 (또는 그것의 결여) 자체는 가족의 자연법이 규정할 것이 아니라 가족이 개별적으로 해결할 문제가 되어야 한다.

헤겔은 사랑하는 부부의 헌신으로서 가족생활에 대한 분석에서 두 가지 결론을 더 도출한다. 첫째는 결혼이 일부일처제여야 하고 남성과 여성 사이의 결합이어야 한다는 것이다. 이런 입장에 대한 헤겔의 주장은 개략적이고 생략적인데, 그렇더라도 그런 주장이 자명한 사실에 대한 진술이라면 문제가 되지는 않을 것이다. 그러나 우리는 헤겔이 동성애적 결혼은 비합리적이므로 결함이 있을 것이라고 믿는다고 생각해야 한다. 왜 이럴 것인가? 결혼의 유일한 목

11) 많은 비판가들이 이런 주장을 심각하게 받아들이고 있지만, 나는 이것이 『법철학』의 텍스트에 기록된 유일한 농담이라고 생각한다.

적이 자녀의 출산이라면 동성애적 결혼은 비합리적일 것이지만, 그러나 하이델베르크 강의에서 그는 그렇지 않다고 주장한다.[12] 이 점에서 그는 분명 옳다. 그렇지 않다면 연금생활자들[노인들] 사이의 결혼은 동성애 파트너들 사이의 결혼만큼이나 논쟁적일 것이다. 결혼의 일차적 목적은 하나의 해방으로 정당화되는 헌신적 파트너들 사이의 사랑의 결합을 객관적으로 확립하는 것이다. 이런 이야기가 타당하다면, 동성애적 결혼도 역시 그래야 한다.[13]

분명 헤겔은 성적 차이가 존재할 때만 결혼이 진정한 결합일 수 있다고 믿는다. 우리는 이것을 기각하고, 나아가 결혼이 일부일처제여야 하는가라고 질문할 수 있다. 헤겔이 기각하는 대안은 일부다처제(또는 일처다부제)다. 그가 결혼의 통일성의 진정한 의미는 부부 사이에서 “인격성의 상호적이고 총체적인 포기”가 존재할 때만 가능하다고 믿기 때문이다. 그런 인격은 “타인이 인격으로서, 즉 개별적 개인성으로서 이런 동일성 안에 존재하는 한에서만, 타인 안에서 자기를 의식할 수 있는 권리를 획득한다”(§167). 인격성의 포기가 총체적이어야 한다는 것은 부부 사이의 성적 사랑이 세 명 이상의 파트너에게 분할된다면 진정한 통일성이 존재할 수 없다는 취지의 형이상학적 주장인 것 같다. 파트너들이 배타적으로 이성애적이라면, 분명 사랑은 동일한 방식으로 분할될 수 없는데, 그러나 양성애자들 사이에서는 어떤 조합이 가능할지 누가 알겠는가? 난감한 일이지만, 그러나 경험적으로 가능한 것이 형이상학적으로는 불가능할 수 있다. 일부다처제는 여성을 노예화하는 방법이라는 헤겔의 생각이 더 그럴 듯하다. 일부다처제적 결합은 진정한 인격들(‘개별적 개인들’)의 결합이 아닐 것인데, 아마도 성적이고 가정적인 노동과 혜택의 분배를 남편이 통제하기 때문일 것이다.

---

12) *Hegel's Lectures on Natural Right and Political Science: The First Philosophy of Right (Heidelberg 1817-1818)*, tr. by J. M. Stewart and P. C. Hodgson, University of California Press, 1995, p. 149.

13) F. Neuhouser, *Foundations of Hegel's Social Theory: Actualizing Freedom*, Harvard University Press, 2000, pp. 277-8도 이런 결론을 도출한다.

헤겔이 도출하는 두 번째 결론은 근친상간적 결혼이 비합리적이라는 것이다. 헤겔은 근친상간 금기에 대한 표준적 설명, 즉 그것이 취약한 자녀를 생산한다는 설명을 알고 있지만, 그러나 대신 그는 근친상간이 결혼 개념을 어떻게 파괴하는지를 강조한다. 그는 가까운 가족 성원(나는 그가 남매를 염두에 두고 있다고 생각한다)은 부부와 달리 서로 독립적이 아니라고 주장한다. 그들은 "서로의 개별성에 대해 잘 알고 있는 자연적으로 동일한 인간의 원" 안에서 살고 있다(§168). 그들은 서로를 독립적 인격성, 개별적 개인성으로 간주하지 않는다. 이런 추상 수준에서 제시되는 주장에 대해 판단하기는 어렵다. 근친상간의 금지와 관련해서 제기되는 어려운 철학적 문제가 존재한다. 그러나 이런 문제를 회피하기 전에, 이것이 헤겔이 시사하는 것보다 더 곤란한 문제임을 지적해둘 만한 가치가 있는데, 그도 자녀가 성년에 이르면 [가족이 해체되어] 가족 성원이 서로 독립적이 된다고 믿기 때문이다(§177). 여전히 그는 결혼이란 낯선 개인끼리 친밀성이라는 새로운 상황에서 통일성을 창조하는 탐험 여행이라는 낭만주의적 생각을 갖고 있다. 함께 자란 남매에게 이것이 불가능하리라는 것은 분명하다.

가족의 재산

결혼은 새로운 "보편적이고 지속적인"(§170) 인격을 창조한다. 추상적 권리의 인격이 자유를 위해 소유를 요구했던 것과 꼭 같이, 가족도 그렇게 한다. 사실 가족생활은 보통 권리, 특히 소유권의 담지자로 간주되는 추상적 개인의 변형을 표상한다. 특수한 욕구(그것이 무엇이든지 간에—추상적 권리에서 그것이 완전히 불특정적이고 전적으로 추상적임을 상기하자)의 충족은 "여기서 욕망의 이기적 성격과 함께 공동체적 목적을 위한 배려와 생계, 즉 윤리성으로 변형된다"(§170). 이제까지 독립적이던 인격이 결혼에 의해 단일한 통일성[단위]으로 구성되는 것과 꼭 같이, 그 이기적 이익도 결혼이라는 결합에서는 망각된다. '우리'는 이제 과거의 독립적 인격성의 이익이 아니라 '우리'의 최선의 이익을 추구한다. 이것이 타산(prudence, 이익의 계산)에 윤리적 차원을 추가한다. 무매개적이고 자연적인 욕망을 추구하는 행위가 빈약한 의미에서의 자유, 즉자적(in itself) 자유임을 상기해야 한다. 게다가 기껏해야 무매개적인 이기적 욕망은 자의적 의지(Willkür)의 생산물일 따름이다(§§11-12, 15). 우리는 이제 가족생활이 어떻게 추상적 권리에 대한 진보를 표상하는지를 알 수 있는데, 전형적 욕망의 내용은 아니더라도 형태를 더 세부적으로 묘사할 수 있기 때문이다. 가족 안에서 그것은 공동의 선을 위한 욕망일 것이고, 그것의 추구는 공동체적 목적에 봉사할 것이다. 「서론」에서 제시되는 의지와 관련하여 우리는 자유가 어떻게 "본능의 순수화"(§19)를 요구하는지를 검토한 바 있다. 이제 우리는 순수화(즉 자유)가 달성되는 한 가지 구체적 방법을 이해할 수 있다. 인격이 결혼을 통해 '보편적이고 지속적인 인격'을 창조하고 이런 윤리적 존재의 이익을 추구할 때, 그것[인격]은 자기이익의 인과성에서 해방되는 것이다. 우리는 나중에 부르주아 시민사회를 검토하면서 이런 보편적 인격의 자기이익이 추구되는 윤리적 영역에 대해 묘사할 것이다.

이제 우리는 추상적 권리의 통찰을 가족생활에서 창조되는 '자기충족적인 구체적 인격'의 일인칭 복수의 언어로 번역할 수 있다. 그런 인격은 그 자신의 배타적 소유를 가질 것인데, 가족 성원은 그것에 대한 내포적 권리를 아버지의 통제 아래에서 공동으로 갖는다. 앞으로 볼 것처럼, 이 때문에 긴장이 발생한다. 가족의 소유라는 개념은 또한 소유에 대한 헤겔의 설명 내부에서도 긴장을 발생시키는 것 같은데, 그가 공동의 소유는 사적 소유와 비교할 때 결함 있는 제도라고 주장한 바 있기 때문이다(§46). 나는 그가 비일관성에 대한 비판을 회피할 수 있을 것이라고 생각하는데, 그가 그곳에서 검토한 공동의 소유는 독립적 인격에 의해 공동으로 소유되는 것 또는 시대착오적이고 비합리적인 제도에 의해 소유되는 것이기 때문이다. 그러나 결혼에 의해 결합되는 인격은 해방적 결합을 위해 이런 도덕적 지위를 포기했기 때문에 독립적 인격이 아니다.

자녀의 교육

가족의 소유는 가족의 결합을 입증한다. 자녀도 또한 마찬가지인데, 그러나 그 방식에 중요한 차이가 있다. 사회적 형이상학은 이해하기 어렵지만, 그러나 공인된 이야기는 이렇다. 즉 부부 사이에서 결혼이라는 결합의 실체는 간주체적 사랑이라는 감정이다. 부부의 통일성이 가족의 재산 같은 외부적 사물로 구체화될 수 있지만, 그러나 그들은 외부적으로 여전히 개별적 실존자다. 이런 통일성은 자녀에게서 부모가 "그들 사이의 사랑만큼 사랑하는"(§173) 자기의식적인 객관적 실존을 달성한다. (나는 자녀에 의해 가족 안에서 창조되는 자기의식적 통일성이 자녀의 자기의식을 지시하는지 아니면 가족 전체의 자기의식을 지시하는지 판단할 수 없다.)

개별적 인격성을 포기하는 부부에 대한 헤겔의 설명을 고려한다면, 우리는 형이상학적으로 자녀가 전체의 부분으로서 감정적 통일성에 포함된다고 생각할 수 있을 것이다. 그러나 놀랍게도 헤겔은 각자의 권리라는 관점에서 부모와 자녀 사이의 관계를 검토한다. "자녀는 가족의 공동재산에 의해 양육되고 교육될 권리를 갖는다." 부모는 "가족 전체를 위한 배려라는 공동의 관심사"와 관련하여 자녀의 봉사에 대한 권리를 갖는다(§174).[14] 부모는 자녀를 훈육할 권리, "자녀의 자기의지를 꺾음으로써 단지 감각적이고 자연적일 따름인 의지를 제거할" 권리를 갖는다. 매를 아끼거나 (아주 이성적으로 설득할 필요가 있는 완전한 성인인 것처럼) 완전한 설명을

14) 로마인의 생각과 달리, 자녀는 무급노동자 또는 노예가 아니다(§174R).

제시해야 한다고 [로크처럼] 주장하는 것은 자녀를 망쳐 "버릇없게" 만드는 길이다. 자녀에게 "복종의 감정"을 가르치는 것이 매우 중요한데, 그렇게 하지 않는다면 [루소가 지적한 것처럼] 자라고 싶어하지 않을 것이기 때문이다!(§174A) 아동기는 성인기의 "자기충족적이고 자유로운 인격성"을 위한 규율 있는 준비기다(§175). 교육은 평생토록 복종하도록 개를 길들이는 것과 같지는 않다. 그것은 부모와 자녀 사이에서 미세하게 결합되는 권리와 의무의 구조다.

물론 교육은 그 이상이기도 하다. 가족생활이 만족스럽게 진행될 때, 그것은 "사랑·신뢰·복종"의 보금자리다. 그러나 그것은 사태의 진행을 평가할 수 있게 해주는 상호적 권리와 의무에 대한 명확한 의식에 의해 구조화되어야 한다. 자녀가 영양실조에 걸리거나 제대로 교육받지 못한다면, 사태는 아주 악화된다. 자녀의 권리가 존중되지 않기 때문이다. 자녀가 규율에 대한 의식이 빈약하거나 [칸트가 지지하는 것처럼] "놀이를 통해 교육된다면",[15] 역시 사태는 악화된다. 자녀는 권리의 담지자라는 지위, 즉 인격성을 달성하기 위해 교육받을 권리를 갖는다. 따라서 "사회는 자녀를 학교에 보내도록, 자녀에게 예방주사를 맞히도록, 등등, 부모에게 강제할 권리를 갖는다"(§239A). 여기서 헤겔은 가족적 결합 내부에서 권리의 장소가 사태가 악화될 때를 대비한 안전장치나 부모가 의무를 태만히 하는 데 대한 대책과 비슷하다고 시사한다. 가족이 실패할 때 국가가 개입할 권리를 갖는다. (이것이 헤겔의 시대에는 선견지명이 있더라도 이상한 이론이었음이 틀림없지만, 오늘에는 타당한 입장이다.) 사랑·신뢰·복종이 가족의 윤리가 좋은 조건에 있음을 입증할 때, 권리는 주장되지 않을 것이다. 칸트에게는 인격의 권리가 가장 중요하고, 헤겔에게는 그것이 전혀 중요하지 않다는 식으로 말한다면, 칸트와 헤겔 사이의 차이를 과장하는 것이다.[16]

---

15) '놀이를 통한 교육'은 오늘처럼 당시에도 유행하던 이론이다(§175R과 편집자 주). [편집자는 우드인데, 그의 관련 논문으로 Allen Wood, "Hegel on Education", in Amélie Rorty, ed., *Philosophers on Education: Historical Perspectives*, Routledge, 1998이 있다.]

가족의 해체

가족의 가치가 헤겔에게 중요하기는 하지만, 그러나 그는 가족이 우연한 역풍도 피할 수 있다고 주장할 만큼 어리석지 않다. 가족은 사랑—낭만적 사랑, 성적 사랑, 헌신적 부부 사이의 사랑—에 의해 특징지어지는데, 이 모든 것은 시민적 제도와 종교적 제도에 의해 지지되고 법적 지위를 갖는 것으로 인정된다. 그러나 이것이 "부부 사이의 감정이 적대적으로 변화할 때", "완전한 소외"가 발생할 때 "그들의 결합을 유지해줄 수 있는 단지 법적으로 실증적인 유대"를 의미하는 것은 아니다(§176). 따라서, 본질적으로 "결혼은 주관적이고 우연적인 감정만을 토대로 하므로 해체될 수 있다." 언제나 그런 것처럼 한쪽 눈으로는 후진적인 가톨릭을 바라보면서, 그는 "종교적 권위조차도 이혼을 허용해야 한다"고 주장한다(§176A). 이혼의 시점에서 소외된 두 당사자는 과거의 독립적 인격성을 회복해야 한다.

가족이 해체되는 두 가지 다른 양상은 자녀의 성숙(특히 결혼과 새로운 가족의 구성) 및 부모의 죽음이다. 첫 번째 경우는 주목할 만한데, 그것은 헤겔이 얼마나 분명하게 현대 핵가족을 염두에 두고 있는지를 강조하기 때문이다. 가족은 확대가족의 더 광범한 친족관계를 배제할 뿐만 아니라 또한 일단 자녀가 성숙하면 세대간의 [부모와 자녀 사이의] 통시적 관계도 배제한다. 가족에 대한 그의 설명이 사랑에 의해 근거지어지는 사회관계의 현상학을 (부분적) 토대로 하기 때문에, 다양한 중간적 경우가 물론 존재하고 또 존재해야 한다. 사태가 어떠한가는 가족 성원의 사태에 대한 감정이 어

---

16) 나는 월드런이 그 밖의 점에서는 가치 있는 한 논문에서 이런 실수를 한다고 생각한다. J. Waldron, "The Need for Rights", in *Liberal Rights*, Cambridge University Press, 1993, pp. 370-3.

떠한가에 달려 있다. 분명하고 중요한 교훈은 자녀가 성숙하여 어쩌면 이사를 가고 결국 그 자신의 새로운 (그러나 마찬가지로 일시적인) 가족을 구성하면서 사태가 변화한다는 것이다.

부모가 죽는다면, 유산과 상속에 대한 경쟁적 권리와 관련된 새로운 문제가 발생한다. 헤겔의 주장은 복잡하다.[17] 그러나 요지는 다음과 같다. 특히 아버지의 사망으로 인해 가족의 재산이 공동의 소유에서 사적 소유로 변화하지만, 그러나 이런 처분이 완전히 자의적일 수는 없다. 가족의 재산을 통제하던 아버지가 그것을 자신의 부인 또는 완고한 교회에 유증한다면, 가족제도는 약화될 것이다[헤겔이 검토하는 로마법에서 부인은 가족 성원이 아니었다]. 상속에 대한 권리는 [자녀의] 유산에 대한 권리를 제정하는 동시에 딸보다 아들을 선호하면서 [로마법에서처럼] 상속인이 가족 외부로 유산을 처분하는 권리를 제한하는 법을 제정한다. 그러나 그런 법은 그 자신의 사적 소유를 획득하고 처분할 수 있는 (남성 및 여성) 자손의 인격적 자유를 침해한다(§180R).

결론

윤리에 대해 검토하면서 우리는 사회생활의 완전하게 적합한 형태가 안정적이고 자기충족적이고 자기재생산하는 유기체여야 함을 알게 되었다. 추상적 권리를 토대로 하는 사회 또는 추상적 권리와 [주관적·개인적] 도덕을 토대로 하는 사회는 이것을 달성할 수 없었다. 이런 결함에 대해 상세하게 부연할 수 있지만, 요점은 도덕이 의무에 대한 내재적 이론을 제공하지 못했다는 데 있다(§§135, 137). 사회가 권리(Recht, right)와 불법(Unrecht, wrong)을 구별하지 못한다면 어떻게 작동할 수 있겠는가? 그 성원의 의무를 명확하게 설

17) 이것은 분명 헤겔이 개인적으로 깊은 관심을 갖는 주제 중 하나다. 따라서 오성의 미세한 사고에 이성이 침투한다.

명할 수 있는 사회는 그 자체로 도덕적 잠재력을 갖는 사회관계에 의해 구성될 것이다. 따라서 우리 모두가 현재 그렇거나 또는 과거에 그랬던 것처럼 가족 성원이 된다는 것[18]은 우리가 구체화한 바 있는 가족 성원 자격의 의무를 수용하고 권리를 존중하는 것이다. 그러나 이것이 이야기의 끝일 수는 없는데, 가족 자체가 자기충족적이고 자기재생산적인 사회 단위는 아니기 때문이다. 새 가족이 옛 가족의 확대는 아니므로, 가족이 자기재생산하는 것은 아니다. 새 가족의 기원에 부모의 계획이 있을 수 있다고 할지라도, 그것은 부모의 권위가 인정하는 왕조적 계승이 아닌 것이다. 새 가족이 다른 독립적 가족이라는 사회적 세계 속에서 그 지위를 협상하고 그 특수한 목적을 추구해야 하므로, (추측컨대) 가족은 자기충족적이지도 않다. 우리는 경제적 세계에서의 가족(특히 가장)의 활동에서 보편성을 식별하지만, 그러나 그것은 외양(Schein)일 따름이다. 자기충족성을 강조하는 아리스토텔레스와 달리, 헤겔은 가족 단위의 자기충족성의 결여를 설명하지 않는다(그가 자기충족성을 자기재생산성과 동일시하지 않는다면 말이다). 그가 볼 때, 가정성의 최적의 모델이 확대가족 또는 씨족 또는 부족이 아니라 현대 핵가족이라면, 핵가족의 제한된 감정적 본성으로 인해 그것이 자기충족적일 수 없음은 당연하기 때문이다.

어쩌면 그가 옳을 것이다. 그러나 독자가 이 문제에 대한 자신의 견해를 정리해보기를 권한다. 통시적으로 확대된 가족이 특히 상당한 재산이 있을 경우에는 현대 세계에서 오히려 성공하는 것 같이 보인다. (엄청나게 부유한 가족이 모두 그 자신의 과잉이 창조한 압력에 의해 붕괴하는 것은 아니다.) 개별적 인격의 특징(눈 또는 머리칼의 색깔, 지성 또는 외모 또는 축구 기술)은 부만큼 다음 세

18) 예컨대 위탁가정에서 양육되는 고아나 기아의 경우, 슬프게도 이것이 사실이 아님을 나는 안다. 그러나 나는 (그리고 헤겔은) 통계적인 평균(norm)과 윤리적인 규범(norm)이라는 의미에서 말하고 있는 것이다. [공동 양육을 지지하는] 플라톤이나 키부츠의 지지자는 그들이 모호하다고 간주하는 이런 사례를 기각할 것이다.

대에게 확실하게 이전되지 않는다. 현대 가족의 자기충족성의 결여에 대한 완전한 이야기는 부르주아 시민사회에 대한 세부적 검토를 통해서만 분명해질 것이다. 가족에서 부르주아 시민사회로의 이런 이행은 『법철학』의 전개에서 가장 복잡한 것인데, 우리는 역사적이 아니라 논리적인 관점에서 그것을 (이전처럼 회고적으로) 재구성해 볼 것이다.[19] 어쨌든 모든 것은 부르주아 시민사회를 검토하면서 분명해질 것이다[더 자세한 것은 이 책에 실린 스톤의 논문을 참조하시오].

이행의 논리적 문제는 차치해두자. 가족생활에 대한 헤겔의 검토에서 우리는 무엇을 배웠는가? 우리가 의지할 수 있는 결론이 존재하는가? 우리가 기각할 수 있는 판단은 분명 존재한다. 이미 지적한 것처럼, 우리는 성적 분업에 대해 그가 말해야 했던 모든 것을 폐기해야 한다. 우연하게 헤겔이 옳았을 수도 있는데, 어쩌면 남성과 여성의 육체적 또는 심리적 기질이 아주 상이해서 가족 안에서의 성적 분업이 정당화될지도 모른다. 그러나 어쨌든 우리는 남성과 여성의 과제가 그가 식별한 위치에서 분할되어야 한다고 생각해서는 안 된다. 나는 무엇이 옳은 의무의 분담인가에 대한 단서를 갖고 있지 않나. 나는 이 영역에서 권위를 갖는 어떤 본능도 인정하지 않기 때문에 사물의 '자연적' 상태에 대한 모든 지시를 불신한다. 그리고 나는 (이름은 밝힐 수 없지만) 가장 충실한 헤겔의 후예조차도 성과 젠더에 대한 그의 견해가 정치적으로 올바르지 않다고 생각한다는 것을 안다. 그가 그렇다면 그렇겠지. 『법철학』의 주장을 판단할 때, 우리는 남녀평등을 위한 재판에서 기피해야 할 판사로서 헤겔이라는 개인에 대해 말하고 있는 것이 아니다. 우리의 일은 그의 주장을 주의 깊게 듣는 것이다.

따라서 우리는 특수성과 보편성의 변증법에 대한 그의 검토의

19) 헤겔 자신은 아리스토텔레스의 노선에 따라 가족이 국가로 진화해야 하는 것처럼 (자신이 추측하는) 역사적 전개에 대해 언급한다(§181R). 헤겔이 옳을지도 모르지만, 그러나 불행하게도 그가 제시하는 개략적인 세부사항은 가족의 자기충족성의 결여에 대해 아무 것도 말해주지 않는다.

뉘앙스에 주목해야 한다. 그러나 이런 형이상학적 범주의 응용이 세부 사항에 대한 우리의 독해를 지배하고 왜곡하게 방치해서는 안 된다. 우리는 사랑이라는 관계의 형이상학에 의해 유혹되어 독립적 인격이 어떤 방식으로든 감정적 통일성 속에서 소멸한다고 가정해서는 안 된다. 부부는 (그들의 부모가 아니라) 그들 자신이 공적 의례를 통해 결합에 동의하기 전에는 개별적 인격이고, 또 결혼이 잘못될 때나 죽음이 그들을 갈라놓은 다음에는 개별적 인격성에 호소한다. 자녀는 부모에 대한 의무와 동시에 권리를 갖는 인격으로서 충분하다. 가족은 통일성이지만, 그러나 차이를 인정하는 통일성이다. 오늘의 독자는 대부분 구성적 차이에 대한 헤겔의 설명을 수용할 수 없을 것이고, 그에게 남성 쇼비니스트 돼지라는 딱지를 붙이는 여성 독자가 (시대착오적[사후적]이더라도) 완전히 옳을 수 있다. 그러나 우리는 '무매개적 보편성'이라는 가족제도에 대한 헤겔의 형태적 묘사에 의해 맹목이 되어, 그가 (형이상학적이지만) 감상적 결합의 영역, '나'라는 기원을 망각하여 일이 잘못되어도 서로 권리를 주장할 수 없는 '우리'의 영역으로서 가족생활에 문제가 없다고 믿는다고 가정해서는 안 된다. 헤겔은 일이 잘될 때 그런 상태에 대한 고유한 견해를 갖고 있다. 그러나 그렇다고 해서 그가 일이 실제로 잘못되는 것을 인정하지 못하거나 최악의 상황에서는 부부 또는 자녀의 윤리적 지위가 조정되어야 한다는 것을 이해하지 못하는 것은 아니다.

헤겔은 권리와 의무에 의해 구조화되는 가족생활을 하나의 해방으로서 평가절상한다. 그것은 통제할 수 없는 성욕의 압력을 규제하는 방법이고, 인간이 배우자와 자녀에 대한 관계를 통해 장기적이고 헌신적인 사랑을 위한 기질을 표현할 수 있도록 해주는 객관적 구조다. 자기이익의 요구로부터의 가치있는 도피로서 그것은 이타주의의 기회를 표상하는 것이 아니라 추상적 인격성의 가능성보다 더 넓고 힘있는 가능성을 제공하는 것이다. 헤겔에게 가족은 독특한 사회적 해방의 양식이 실현되는 중요한 영역인 동시에 사회성이 생산하는 자유의 종류를 이해하는 모델이기도 하다. "가족은 국가의 최초의 윤리적 근본이다. 그것은 실체적 통일성 속에서 주관적 특수성과 객관적 보편성의 계기를 포함한다"(§255). 그러나 우리는 주관적 특수성의 계기, 즉 부부 사이의 결합의 자기의식적 동일화가 모든 개별적 욕망을 봉쇄하고, 또 그런 계기와 동일화가 가족 성원이 제도적 소속으로부터 거리를 두는 것을 금지하여 일이 잘못되어가는 것을 인정할 수 없게 만든다고 생각해서는 안 된다. 흥미롭게도 헤겔은 요즘 공동체주의자의 논지가 되어버린 가족생활에 대한 공상적[비현실적] 견해를 갖고 있지 않다. 그는 그것을 그 특수한 요구나 보편적 근거에 대한 불편부당한 연구를 금지하는 사랑의 유대로 묘사하지 않는다. 처음으로 되돌아가서, 의지의 모든 헌신은 주의 깊은 반성을 위해 사고 속에서 초월될 수 있음을 상기하자(§5).[20] 가족생활이 국가의 최초의 윤리적 근본이라면, 우리는 앞으로 제시될 상세한 검토에 앞서 이제 여기서 다음과 같이 강조해 두어야 한다. 국가에 대한 헤겔의 설명이 그 원천으로서 인간적 합리성에 비추어 진리적일 수 있으려면, 철학자와 동시에 능동적 시민이 그것의 자격에 대해서도 가족생활의 규범의 경우와 동일한 그런 검토를 하도록 허용해야 한다고 말이다[더 자세한 것은 이 책에 실린 스톤의 논문을 참조하시오].

---

20) 하디먼은 사회생활에 대한 헤겔의 설명을 공동체주의자의 그것과 비교하면서 이런 논점을 증명한다. M. Hardimon, *Hegel's Social Philosophy: The Project of Reconciliation*, Cambridge University Press, 1994, p. 163. [즉 하디먼은 개인의 보편성과 특수성이 형성되는 개인화(individuation)의 과정에 주목하면서 헤겔의 '초개인성(transindividuality)의 존재론'을 강조하는 셈이다.]

헤겔과 이리가레에게서 가족·국가관계*)

앨리슨 스톤

1980년대 중반부터 [1990년대 중반까지] 뤼스 이리가레는 자신의 정치적 저작에서 사회적 선에 대해 아주 독창적이고 도발적인 인식을 전개해 왔다. 그런 인식에 따르면 사회생활의 모든 측면은 여성과 남성 사이의 성차를 표현하고 문화화하고(cultivate, civilize) 강조하도록 배치되어야 한다. 법은 중성적인 개인이 아니라 하나의

---

*) Alison Stone, "Sexing the State: Familial and Political Form in Irigaray and Hegel", *Radical Philosophy*, May 2002. 이 글의 이본(異本)인 "Irigaray and Hegel on the Relation between Family and State", in A. Stone, *Luce Irigaray and the Philosophy of Sexual Difference*, Cambridge University Press, 2006을 참조하여 약간 수정했다. 또 헤겔과 이리가레의 인용도 원문과 대조하여 약간 수정했다.

스톤은 1984년에 출판된 『성차의 윤리』를 전후로 해서 이리가레의 '본질주의'(또는 보편주의)가 정치적-전략적인 것에서 현실주의적인 것으로 이행한다는 점을 강조한다. 문화(상징의 가상작용)의 차원뿐만 아니라 또한 자연(현실)의 차원에서도 인식해야 하는 성차는 단지 인간학적 차이가 아니라 존재론적 차이이기도 하기 때문일 것이다. 반면 도이처는 정치적-전략적 본질주의의 관점에서 '성차의 불가능성[아포리아]'을 강조한다. 예를 들어, 이리가레의 여성권은 마르크스적인 '영유의 영유'가 아니라 오히려 데리다적인 '영유 없는 영유'이기 때문일 것이다. Penelope Deutscher, *A Politics of Impossible Difference: The Later Work of Luce Irigaray*, Cornell University Press, 2002.

성의 성원으로서 개인에게만 권리와 의무를 배분해야 하고, 모든 제도와 활동은 성차를 고려하는 방식으로 조직되어야 한다. 이리가레는 여성을 위한 정의를 확보하기 위해 성차의 최소화나 해체가 아니라 오히려 강화가 필요하다고 믿는다는 점에서 이례적인 페미니즘 사상가다. 그녀의 이례적인 사회관이 페미니즘 철학자들로부터 거의 주목받지 못해 왔다는 것은 얼마간 놀라운 일인데, 그녀의 정치사상은 서양의 철학적 전통에서 남성주의에 대한 초기의 연구보다 덜 진지하게 수용되는 경향이 있다. 이런 무시는 주로 그녀의 정치적 저작의 대중적이고 종종 과장된 논조에서 기인하는 것인데, 그런 논조가 대부분의 독자에게 그녀의 정치사상의 복잡하고 정교한 철학적 배경을 은폐해 왔던 것은 불행한 일이다. 이 논문의 전반적인 목적은 이리가레의 정치적 주장을 더 풍부하게 이해하고 평가하기 위해 이런 철학적 배경을 재구성하는 데 있다.

좀 더 구체적으로 말하자면, 사회적 선에 대한 이리가레의 인식은 헤겔의 정치철학, 특히 가족과 국가의 관계에 대한 그의 반성과의 장기적인 교류(engagement)에 의해 지도되고 형성된다.[1] 논평가들은 자주 이리가레의 정치사상의 전개에서 헤겔의 정치철학의 중심성에 주목하지만,[2] 그러나 일반적으로 그에 대한 그녀의 관계

---

1) 이리가레는 "아주 오랫동안, 그러나 1981년 이후 더 지속적으로, 나는 헤겔의 저작을 습관적으로 독해해 왔다"고 말한다. *I Love to You* (1992), Routledge, 1996, p. 12. 그녀는 헤겔의 "거대한 사변적 프로젝트", 즉 "자연법, 시민법, 종교법의 접합에 대한 총체적 사상"을 상찬한다. *Sexes and Genealogies* (1987), Columbia University Press, 1993, p. 128.

2) Tina Chanter, *Ethics of Eros*, Routledge, 1995, ch. 3; Pheng Cheah and Elizabeth Grosz, "Of Being-Two: Introduction", *Diacritics*, 1998 No. 1 (*Irigaray and the Political Future of Sexual Difference*), pp. 7-9; Morny Joy, "Love and the Labor of the Negative: Irigaray and Hegel", in D. Olkowski, ed., *Resistance, Flight, Creation: Feminist Enactments of French Philosophy*, Cornell University Press, 2000, p. 123; Naomi Schor, "French Feminism Is a Universalism", *differences*, 1995 No. 1, p. 31; Lisa Walsh, "Her Mother Her Self: The Ethics of the Antigone Family Romance", *Hypatia*, 1999 No. 3, pp. 113-5를 참조하시오.

를 과잉단순화하여 순수하게 적대적인 것으로 묘사한다. 표준적인, 과잉단순화된 표상에 따르면, 헤겔은 사회생활의 조직이 비자연적인, 배타적으로 정신적인 원리를 반영해야 한다고 생각하는 반면, 이리가레는 사회생활이 육체(corporeality)를 표현하고 실현해야 한다고 생각한다.[3] 헤겔에 대한 이리가레의 관계는 사실 이것보다 더 복잡하고 미묘한 것이다. 그것은 두 단계를 거쳐 전개되는데, 『거울』(1974)에서 제시되는 『정신현상학』에 대한 초기의 독해와 『성과 계보』(1987) 및 『나와 너 사이의 사랑』(1992)에서 제시되는 『정신현상학』과 『법철학』에 대한 후기의 재독해가 그것이다.[4] 이런 계속적인 독해를 통해 출현하는 프로젝트는 가족과 국가의 관계를 식별하는 것인데, 국가는 헤겔이 비판하는 고대 그리스의 폴리스처럼 가족에 대립하지도 않고 또 헤겔이 지지하는 계몽주의 이후의 현대 국가처럼 가족이 자연적으로 조장하는 여성에 대한 불의를 묵인하지도 않는다. 이리가레는 국가가 가족의 자연적 형태를 '문화화함'으로써 가족 내부에서 남성과 여성의 정의로운 관계가 가능하게 만들고 나아가 여성이 더 광범한 사회생활에 완전히 참여할 수 있도록 만들어야 한다고 제안한다. 또 이리가레는 그녀가 성차의 형이상학적 현실로 간주하는 것을 표현하는 권리와 법에 의한 가족의 구조화가 가족의 문화화에 수반되어야 한다는 주장을 헤겔 독해에서 도출한다. 이제 그녀는 사회생활이 가족생활과 대립하지 않고 오히려 연속할 수 있기 위해서는 모든 사회생활의 조직과 모든 권리와 법의 내용이 동일한 형이상학을 반영해야 한다는 결론을 도출한다. 따라서 이리가레는 헤겔 해석을 통해 사회적 선에 대한 그녀의 이례적 인식을 위한 복잡한 논증을 생산하는 것이다.

---

3) 예를 들어, Cheah and Grosz, "Of Being-Two", p. 8; Joy, "Love", p. 123; Walsh, "Her Mother", p. 115를 참조하시오.

4) *Speculum: Of the Other Woman* (1974), Cornell University Press, 1985; *Sexes and Genealogies*, 특히 "The Female Gender", "The Universal as Mediation"; *I Love to You*, 특히 "Love between Us", "Human Nature Is Two", "Sexual Difference as Universal", "Donning a Civil Identity".

물론 이리가레의 정치적 주장의 엄밀한 근거가 헤겔의 사상에서 발견된다는 것이 그 자체로 그런 주장을 매력적인 것으로 만드는 것은 아니다. 반대로 이리가레의 헤겔적 계보는 그녀의 정치에 심각한 문제를 야기한다. 특히 그녀는 가족의 토대가 자연적으로 이성애적인 욕망이라는 헤겔의 신념을 계승한다. 그럼에도 불구하고 나는 그녀의 정치적 견해가 여전히 흥미롭다고 주장할 것인데, 그것이 육체적 생활 및 친밀한 감정적 관계로 환원되지 않으면서도 그런 생활/관계와 연결되는 정치 공동체의 하나의 형태를 전망하려고 시도하기 때문이다.

헤겔 『정신현상학』: 고대 그리스의 폴리스

『거울』에서 헤겔과의 최초의 교류는 이후 이리가레의 헤겔 해석과 자신의 정치사상의 전개를 위한 파라미터를 설정한다. 그녀는 『정신현상학』 6장 「정신」 A절 「진리적 정신: 윤리」에서 제시되는 폴리스와 가족 사이의 갈등에 대한 그의 설명에 초점을 맞춘다. 『거울』에서 제시되는 철학적 정경(canon)에 대한 모든 독해와 마찬가지로 이리가레는 헤겔의 논의를 치밀하게 추적하면서 그의 주장의 특수한 측면을 부각시키기 위해 그 자신의 어구들을 변화시키고 모방한다. 따라서 헤겔에 대한 그녀의 초기의 독해를 이해하기 위해서는 이런 갈등에 대한 그의 설명을 얼마간 알고 있어야 한다. 그는 폴리스와 가족을 고대 그리스의 두 개의 중심적인 사회제도로 간주하는데, 그것들 사이의 갈등이 그리스 사회의 붕괴와 로마 사회로의 이행을 촉진시킨다. 이런 갈등에 대해 설명하는 헤겔의 주요한 목적은 고대 그리스적 형태의 정치 공동체가 가족생활의 정당성을 거부함으로써 스스로 불안정하게 되어 결국 생존할 수 없게 되는 방식을 증명하는 데 있다. 따라서 그의 설명은 고대 그리스 사회에 대한 역사적 묘사인 동시에 그 정치제도에 대한 규범적 비판으로 의도되는 것이다.

헤겔은 고대 폴리스의 시민이 공동체와 '무매개적으로' 통일된다고 주장한다. 즉 그가 법으로 표현되는 공동체의 선과 완전하게 동일화된다는 것이다.[5] 이는 고대의 시민이 '개별적 개인성'(einzelne Individualität)에 대한 의식을 결여하기 때문에 가능하다. 헤겔에 따르면, 시민이 자신을 서로 다르다고, 즉 특별한 사회적 역할을 갖는 '특수한' 공동체 성원으로 간주한다는 것은 분명하지만, 그러나 그는 공동체 성원으로서의 이익과 분리된 개별적 이익, 즉 '특수한 개인'(besondere Individuum)으로서의 이익에 대한 의식을 결여한다.[6] 폴리스 성원이 개별적 이익에 대한 의식을 결여하기 때문에, 그런 이익은 폴리스의 외부, 즉 가족에서 충족되어야 한다. "자신의 개별성의 향유의 만족을 추구하는 개인은 그것을 가족에서 발견한다."[7] 헤겔은 가족이 그 안에서 인격의 "개별성, 즉 그의 피가 살아가는" "개별성의 법"이라고 주장한다.[8] 가족에 대한 이런 견해가 일면적으로 보일지도 모르는데, 가족이 하나의 공동체라고 생각할 수도 있기 때문이다. 사실 헤겔은 가족이 폴리스와 유사한 공동체를 형성한다고 주장하는데, 가족 성원도 가족 성원으로서의 이익과 분리된 개별적 이익에 대한 의식을 결여하기 때문이다.[9] 그러나 가족 공동체는 '무의식적'(unbewußt)이라는 점에서 정치 공동체와 구별된다. 즉 가족 성원은 그가 준수하는 공동체적 규범의 내용을 명시적으로 표현할 수 없는데, 이런 규범이 공적으로 동의할 수 있는 법으로 표현되는 것이 아니라 무언의 전통과 실천 속에서 암묵적으로 보존될 따름이기 때문이다. (조상과 가족의 수호신에 대한 존경

---

5) Hegel, *Phenomenology of Spirit*, Oxford University Press, pp. 265, 289.

6) Michael Hardimon, *Hegel's Social Philosophy*, Cambridge University Press, 1994, pp. 146-53. 하디먼에 따르면, 헤겔은 또한 그리스인이 도덕적 판단 또는 사회적 비판을 위한 개별적 권리 또는 능력에 대한 의식을 결여한다고 생각한다.

7) Hegel, *Phenomenology*, p. 276.

8) *Ibid.*, pp. 277, 267.

9) *Ibid.*, p. 269.

을 요구하는) 이런 암묵적인 가족 규범이 "신의 법"(암시적이고 사적인 법)을 구성하는데, 헤겔은 이것을 폴리스의 "인간의 법"(명시적이고 공적인 법)과 대비한다.

가족의 공동체적 규범은 왜 표현되지 않은 채 암묵적인 것으로 남아 있는가? 헤겔은 이런 규범이 가족 성원의 자연적 관계, 그가 반복해서 '혈연관계'(Blutsverwandtschaft, 피의 유대)라고 부르는 관계를 토대로 하고 있기 때문이라고 답변한다. 따라서 가족은 "자연적인 윤리적 공동체"인 것이다.10) 그것의 토대는 남편과 부인 사이의 자연적인 성적 관계인데, 이런 관계는 그들에게 공동의 선에 대한 의식과 지지를 발생시킨다. 여기서 가족은 이성애적 단위이고 그 토대는 자연적으로 이성애적인 욕망이라는 헤겔의 중요한 가정이 성립하는 것이다. 가족 성원이 공유하는 공동의 선의 내용이 자연에 의해 주어지는 것이므로 그는 적합한 자연적 관계에 참여함으로써만 그것에 접근할 수 있다.11) 따라서 가족 규범은 자연적 관계(남편과 부인 사이의 관계, 그리고 여기서 파생하는 부모와 자녀, 형제·자매 사이의 관계)라는 토대 때문에 필연적으로 암묵적으로 남아 있는 것이다. 헤겔에게서 가족관계가 자연에서 도출된다는 것을 이해한다면, 우리는 왜 그가 가족을 공동체인 동시에 개별적인 이익과 욕망이 충족될 수 있는 장소로 간주하는지를 이해할 수 있다.12) 가족관계는 그것이 성, 재생산, 생계[생명유지]에 대한 욕망, 인간이 공동체 성원이 아니라 순수한 개인으로서 갖는 선천적 욕망에서 기인한다는 점에서 자연적이다. 더 정확하게 말하자면, 인간은 자연적, 육체적 개인으로서 이런 욕망을 갖는다. 따라서 가족관계는 인간의 선천적인 육체적 욕망에서 기인하지만, 그러나 인간이 이런 욕망을 충족시키면서 발생시키는 바로 이런 관계가 인간이 욕

---

10) *Ibid.*, p. 268.

11) 헤겔은 가족 성원의 윤리적 태도가 불가피하게 "자연적 관계 및 감각과 혼합된다"고 말한다. *Ibid.*, p. 273.

12) 헤겔은 여기서 이익 또는 목적(Zweck), 욕망(Begierde), 욕구(Bedürfnis)를 구별하지 않는다.

망의 개별성을 의식하지 못하게 하는 배타적으로 공동체적인 동일성의 원천이 되는 것이다.

고대 그리스에 대한 설명을 계속하면서 헤겔은 폴리스와 가족이 어떻게 충돌하는가를 분석한다. 그는 두 제도가 성적으로 분할되어 있음을 강조하는데, 남성만이 가족 외부의 폴리스로 진입하기 때문이다. 그는 이런 분할을 얼마간 모호하게 두 성의 "성격과 능력[기질]의 차이" 탓으로 돌린다.[13] 분명 요점은 남성이 성인이 되면 가족생활을 영원히 포기한다는 것이 아니라, 가족 공동체와의 초기의 동일화를 포기하고 이후로는 가족생활에 참여하면서도 그런 참여를 자신의 동일성에 본질적인 것으로 의식하지 않는다는 것이다. 헤겔에 따르면, 두 영역 사이의 성적 분할이 갈등을 발생시킨다. 여성은 정치 공동체와 동일화하지 못하기 때문에 그것의 선을 주창하는 행동의 정당성을 의식할 수 없고, 반대로 남성은 가족의 선을 주창하는 행동의 정당성을 의식할 수 없다. 소포클레스의 『안티고네』는 이런 문제를 완벽하게 예증한다. 크레온은 폴리네이케스(폴리니세즈)를 매장하는 안티고네의 권리를 부정하는데, 그런 권리의 근거는 그가 그녀의 오빠라는 것이다. 반대로 안티고네는 폴리스에 대한 공헌으로 인간을 평가하는 크레온의 권리를 부정하는데, 그런 권리는 테바이에 전쟁을 선포한 반역자 폴리네이케스를 단죄하는 권리이기도 하다. 그러나 헤겔에 따르면, 폴리스 성원과 가족 성원이 부단히 갈등에 빠지므로, 그들은 각자가 반대하는 두 제도가 필연적으로 존재하고 따라서 일정한 정당성을 가질 수밖에 없음을 깨닫게 된다. 이 때문에 각각의 성원은 정당한 제도를 파괴했다는 죄의식을 갖게 되고, 나아가 각자가 지지하는 제도가 이런 파괴를 야기했다는 점을 깨닫게 된다. 이리하여 각각의 성원은 사회를 비판할 수 있는 개별적 능력을 획득하고 더 이상 각자의 사회제도를 완전하게 지지할 수 없게 된다. 이는 고대 그리스 사회의 종언과 더 개인주의적인 생활양식[고대 로마 사회]으로의 이행을 예고한다.

---

13) *Ibid.*, p. 276.

폴리스에 대한 헤겔의 묘사에 침투한 향수는 눈에 띄는 것인데, 이는 사회적 통합과 시민적 덕성의 패러다임으로서 고대 공화국을 이상화하는 청년 헤겔의 경향에서 유래한다. 그러나 『정신현상학』 6장 A절의 지배적 논조는 순수한 개인의 자연적 이익을 비현실적으로 부정하는 폴리스의 정치생활을 비판하는 것이다.[14] 동시에 헤겔은 폴리스가 개인의 선천적인 육체적 욕망에서 기인하는 가족생활의 정당성을 부정한다고 비판한다.[15] 헤겔의 분석은 폴리스를 새로운 시나리오와 묵시적으로 대비하는데, 이제 시민은 개별적 이익을 정치적 동일성에 통합적인 것으로 의식하고, 따라서 정치를 그런 이익의 추구, 그 결과 발생하는 가족관계에의 참여와 결합할 필연성과 정당성을 인정한다. 후에 『법철학』에서 헤겔은 시민이 더 이상 가족생활과 그 윤리적 규범에 반대하는 것이 아니라 그것들을 인정하는 현대 사회에서 이런 시나리오가 실현된다고 주장한다.

이리가레: 가족과 개별적 선

이리가레는 "공동체의 영원한 아이러니"[16]로서 여성이라는 헤겔의 유명한 구절을 차용하여 제목을 붙인 『거울』의 「거울」 장 「…공동체의 영원한 아이러니…」 절에서 『정신현상학』 6장 A절을 검토한다. 그녀는 폴리스가 개별적 이익에 대한 시민의 의식을 비현실적으로 부정하고 가족 규범에 대해 부당하게 반대한다는 헤겔의 비판을 대체로 수용한다. 그러나 그녀는 이런 비판을 심화하여 남성이 폴리스를 구성하기 위해 가족생활을 폭력적으로 부정하고 게다

14) 즉 그는 폴리스가 개별성과 보편성의 무매개적 동일성을 요구한다고 비판한다. *Ibid.*, p. 289.

15) 반대로 버틀러는 헤겔이 폴리스를 지지하고 가족을 비판한다고 해석한다. Judith Butler, *Antigone's Claim*, Columbia University Press, 2000, pp. 33-4.

16) Hegel, *Phenomenology*, p. 288.

가 여성에게 정의롭지 못하고 또 여성의 이익을 침해하는 형태로 그것을 재조직한다고 고발한다. 그러나 이런 고발을 전개하면서 이리가레는 가족의 자연적 '혈연관계'를 무비판적으로 지지하는데, 이는 정치적으로 비생산적인 것이고 결국 폴리스에 대한 그녀의 비판 전체에 의문을 야기하는 것이다.

이리가레는 역사적 묘사인 동시에 규범적 비판으로서 폴리스에 대한 헤겔의 설명을 지지한다. "『정신현상학』에서 헤겔은 우리 문화에서 정신의 전개를 분명하게 묘사하고" 또 "인간의 법과 신의 법 사이의 미해결의 대립으로 인해 윤리적 질서가 구렁 속에 빠졌다는 사실을 진단한다"는 것이다.[17] 그러나 폴리스에 대한 헤겔의 전반적인 규정과 비판에 찬성하면서도, 그녀는 고대 가족에 대한 미묘하게 변형된 인식을 도입함으로써 폴리스의 결함에 대한 자신의 비판을 심화한다. 이리가레는 가족에 대한 이런 수정된 인식이 헤겔의 지배적 인식에 포섭된 채로 이미 『정신현상학』에 존재한다고 주장한다. 가족에 대한 은폐된 인식이 '혈연관계'로서 가족관계에 대한 헤겔의 반복적 언급에서 암시된다는 것인데, 이는 그가 개인의 선천적인 자연적 욕망이 피로 체현된다고 간주함을 의미한다.[18] 사실 헤겔의 『자연철학』은 피를 개별적 욕망을 표현하는 수단으로 이론화한다(체질 이론에서 검은 담즙이 우울증(melancholy)을 내포하고 표현하는 것처럼 말이다).[19] 이리가레의 추론에 따르면, 헤겔이 피를 이런 개별적 욕망의 표현 수단으로 간주하므로, 당연히 그의 '혈연관계'는 '피'(더 광범하게는 육체와 그 스타일)로 표현되는 개별적 욕망을 표현하고 실현하며 계발하도록 서로를 허용

---

17) *Sexes and Genealogies*, pp. 114, 110. 『성과 계보』에서 헤겔에 대한 이리가레의 검토는 대부분 『거울』의 분석을 요약하는 것이므로 이렇게 소급해서 활용할 수 있다.

18) 이리가레의 헤겔 해석은 '붉은 피'(sang rouge)와 '하얀 피'(sang blanc)라는 언어 유희로 가득 차 있는데, 외양(semblant)의 동음이의어인 '하얀 피'는 개별적 욕망으로서 '붉은 피'와 대립한다. Margaret Whitford, *Luce Irigaray: Philosophy in the Feminine*, Routledge, 1991, pp. 118–20.

19) Hegel, *Philosophy of Nature*, Vol. 3., Allen & Unwin, 1970, p. 360.

하고 자극하는 개인을 필요로 한다.[20] 가족 성원은 "서로를 그 개별적 자기(soi)로 알아본다"는 것이다.[21]

이리가레에게 '혈연관계'를 맺는다는 것은 인격이 육체적 개인으로서 지지하는 선을 존중하고 그것에 관심을 갖는다는 것을 의미한다. 혈연관계는 윤리적이지만, 그러나 자연적 관계(성적 관계 또는 부모-자녀 관계)에서 기인할 따름이다. 이런 관계만이 개인이 자연적 친밀성을 통해 서로의 욕망의 육체적 표현을 의식할 수 있도록 만든다. (자연적으로 발생하는) 공동의 선을 지지하는 가족 성원이라는 헤겔의 지배적 인식의 배후에서 이리가레가 발견하는 것은 바로 육체적으로 표현되는 개별적 욕망에 대한 존중과 관심이라는 자연적 원리에 따라 행동하는 가족 성원이라는 인식이다. 이리가레에 따르면, 이런 은폐된 인식이 역사적으로 더 정확한 것인데, 게다가 이것은 (헤겔도 고대 가족의 진정한 성격에 대한 자신의 불안정한 통찰을 그것에서 도출하는) 그리스 비극에 의해 더 분명하게 증언된다.[22] 그러나 이리가레가 가족의 토대로서 자연적으로 이성애적인 '혈연관계'라는 헤겔의 인식에 여전히 충실하다는 점이 중요하다. 앞으로 볼 것처럼 가족에 대한 이리가레의 사상을 지배하는 이런 가정은 그 비판적 힘을 심각하게 제한한다.

이런 제한에도 불구하고, 가족에 대한 수정된 인식으로 인해 이

20) 이리가레의 추론은 그 자체로 성립하는 것이 아니라 나중에 볼 것처럼 추가적인 가정을 토대로 하는 것이다.

21) *Speculum*, p. 216. 『거울』에서 '혈연관계'에 대한 이리가레의 인식은 체계적으로 설명되는 것이 아니라 단지 암시될 따름이다. 그러나 후기 저작에서 제시되는 가족의 육체적인 윤리적 관계에 대한 수많은 검토를 『거울』로 소급하여 독해하는 것이 적절할 수 있는데, 어쨌든 후기 저작에서의 검토는 결국 『거울』에서 유래하는 것이기 때문이다.

22) 이리가레에 따르면, 고대 비극은 "가모장제에서 가부장제로의 역사적 이행"을 묘사하고, (특히 아이스킬로스의 『오레스테이아』에서처럼) 가족을 '혈연'으로 정의한다. *Speculum*, p. 217. 그리스 비극이 이런 역사적 이행을 반영한다는 이리가레의 인식은 [마르크스와 엥겔스처럼] 바코펜의 영향을 받는다. J. Bachofen, *Myth, Religion and Mother-Right* (1861), Routledge, 1967.

리가레는 폴리스와 가족 사이의 갈등에 대해 새로이 인식할 수 있게 되는데, 폴리스는 육체적 개인으로서 가족 성원의 선을 지향하는 '혈연관계'라는 의미에서 가족관계의 정당성을 부정한다. 폴리스와 가족 사이의 갈등에 대한 이런 수정된 설명은 폴리스에 대해 헤겔의 본래의 비판보다 더 심화된 비판을 구체화한다. 이리가레는 전형적인 정치적 행위자로서 외디푸스(이디푸스)에 대한 헤겔의 언급에서 출발하는데, 배타적으로 시민적인 동일화 때문에 그는 (부친 살해와 근친 상간을 통해) 자신의 가족을 구성하는 규범의 전체적 구조를 파괴한다.[23] 이리가레는 전형적인 시민이 외디푸스적인 성적 생활을 영위한다는 이런 암시를 확대한다. 그녀는 시민이 개별적 이익 또는 욕망을 갖지 않는다고 가정하는 공화제적 시민성은 본질적으로 남성적 동일성임을 시사한다. 남성이 이런 동일성을 수용하는 고유한 동기는 자신의 육체가 어머니의 육체와 다르다는 것을 인정하기 곤란한 유아기의 경험이다. 여아에게 출생과 어머니로부터의 분리는 회복할 수 없는 단절을 구성하지 않는데, 이는 (이리가레의 가정에 따르면) 자신이 아이를 출산할 수 있기 때문이다. 그러나 남아에게 어머니와 자신의 육체적 차이는 출생을 회복할 수 없는 손실로 만든다.[24] 이런 동기로 인해 남아/남성은 그가 자연적인 개별적 욕망 또는 이익을 갖는다는 것을 부정한다. 그러나 가족은 그 성원의 개별적 이익에 대한 존중과 관심을 가정하기 때문에 남아/남성은 가족과 단절하고 그 성원이 개별적 이익에 대한 의식을 결여한다고 가정되는 공동체로서 폴리스를 제도화하거나 또는 그것으로 진입하려는 동기를 갖게 된다.[25] 공화제적 시민성은 근본

---

23) Hegel, *Phenomenology*, p. 283.

24) "'Je—Luce Irigaray': A Meeting with Luce Irigaray" (Interview with E. Hirsh and G. Olson), *Hypatia*, 1995 No. 2, pp. 107-8; *Thinking the Difference* (1989), Athlone, 1994, p. 110.

25) 따라서 폴리스는 가족과의 의도적인 단절에서 출현한다. 즉 "두 개의 윤리적 법, 성적 차이의 이런 두 개의 존재의 상하로의 계층화는 자기(Soi)로부터 유래한다." *Speculum*, p. 223.

적인 정신적 기능을 갖는데, 어머니와의 단절 없는 융합이라는 남성의 환상을 유지하는 것이 그것이다. 따라서 불가피하게 고대 그리스의 시민은 이런 환상을 모든 성적 관계에서 다시 실현하기 위해 그가 욕망하는 여성을 어머니와 동일시한다. 외디푸스는 이것을 극화할 따름인 것이다. 『성과 계보』에서 이리가레는 이렇게 요약한다: "육체로서 시민은 여전히 어머니-자연과 연결되면서도 젠더로서 시민은 자신의 육체적 뿌리로부터 단절된다. 이 문제를 해결할 수 없기 때문에 그는 여성에 대한 관계가 이것에 의해 결정되도록 한다. 그는 여성을 어머니로 환원시킨다."26)

따라서 이리가레는 가족으로부터 폴리스의 역사적 출현과 동시에 폴리스의 배타적으로 남성적인 성격을 남성이 어머니로부터 분리하는 데서 경험하는 고유한 곤란의 이중적 결과로 설명하는 것이다. 그런데 흥미롭게도 그녀는 두 성의 '성격과 능력의 차이'로 인해 고대 그리스의 제도가 성적으로 분할된다는 헤겔의 주장을 기각하지 않는다. 대신 그녀는 이런 분할을 발생시키는 성차를 구체화하는데, 남성은 의식적으로 어머니로부터의 분리를 과장하지만 동시에 무의식적으로는 그것에 저항하는 경향이 있다는 것이다. 자연적 욕망은 이성애적이라는 헤겔의 견해를 수용하고 수정한 것처럼, 이리가레는 자연적으로 발생하는 두 성의 본질적인 정신적 차이에 대한 그의 신념을 수용하고 수정한다.

고대 시민의 성욕에 대한 '외디푸스적' 규정은 그런 성적 행동이 개별적 동일성에 대한 가족 성원의 의식을 금지하는 억압적 공동체로 가족을 점차 변형시킨다는 이리가레의 주장을 지지한다. 남성은 다양한 여성 성원과의 융합에 대한 환상에 따라 가족생활을 영위하는 반면, 여성은 그녀의 '계보'를 파괴하는 남성의 태도로 인해 개별화에 대한 의식을 상실하게 된다. 이리가레에게서 어머니와 딸은 세대차, 즉 계보상의 상이한 위치에 대한 의식을 통해 개별화될 수 있을 따름이다. 남성 시민으로부터 어머니로서 여성이라는 [남성과]

---

26) *Sexes and Genealogies*, p. 136.

동일한 의식만을 주입 받은 고대 그리스의 여성은 개별화할 수 있는 이런 정신적 능력을 상실한다.[27] 안티고네는 어머니인 이오카스테(조카스타)의 자살을 반복함으로써 이것을 예증한다.

> 도시의 법과 논쟁하면서도, 그녀는 이미 다른 법, 즉 어머니와의 동일화에 의해 인도되는 것이다. 그러나 어머니와 아내를 어떻게 구별할 수 있는가? 아내이면서 남편의 어머니라는 어머니[로서 여성]의 치명적인 패러다임.[28]

가족 내부에서 시민의 외디푸스적 태도는 가족을 이리가레가 나중에 "미분화된 원시적 통일성"[각주 42) 참조]이라고 부르는 것으로 변형시켜 어떤 성원도 개별화하는 것을 금지한다. 이런 조건에서 가족 성원은 더 이상 다른 성원의 이익에 대한 존중과 관심이라는 윤리적 원리에 따라 행동할 수 없고 대신 그 융합된 조건이 허용하는 유일한 선으로서 공동의 선을 주창하기 시작한다. 이리가레에 따르면, 헤겔이 가족을 폴리스와 비슷한 공동체로 정의할 때 그는 가족의 '외디푸스적'인 이차적 형태[가부장제적 형태], 즉 폴리스와의 갈등을 통해 획득될 따름인 형태를 가족의 본래적 형태[가부장제 이전의 형태], 즉 그 성원이 다른 성원의 개별적 선을 지향하는 자연적인 윤리적 구조와 혼동한다.

헤겔은 고대 그리스의 시민이 개별적 이익에 대한 의식을 비현실적으로 결여하고 또 가족이 필연적인 한 정당할 수밖에 없는 가족 규범에 부당하게 반대한다고 비판한다. 이리가레는 공화제적 시민성이 개별적 이익에 대한 비현실적인 의식 결여를 가정한다는 헤겔의 견해에 동의하지만, 그러나 이런 시민성이 바로 가족 내부에서 실천되는 개별적 이익에 대한 존중과 관심에 반대하여 반작용적으로 발생한다는 점을 추가한다. 시민적 동일성은 자연적인 육체적 관계를 폭력적으로 부정함으로써 구성된다. 게다가 남성 시민은 정

---

27) *Speculum*, p. 224.
28) *Ibid.*, p. 219.

당한 가족 규범에 반대할 뿐만 아니라 또한 가족을 모든 성원에게 정신적 융합을 강요하는 억압적 제도로 변형시킨다. 이런 강요는 여성에게 가장 해로운데, 그녀는 이런 변형에서 어떤 감정적 이익도 도출하지 않기 때문이다.

이리가레는 폴리스에 대한 이런 확대된 비판을 그 성원의 개별적 선을 주창하는 가족생활이라는 자신의 대안적 인식으로부터 도출한다. 그녀는 이런 인식이 헤겔의 『정신현상학』에서 복원되는 것이라고 주장한다. 그러나 이런 주장은 헤겔이 비정치적인 개별적 이익에 대한 의식의 결여를 개별적 개인에 대한 의식의 결여와 등치시킨다는 잘못된 가정으로 인한 것이다. 폴리스가 육체적 **구별성**에 대한 남성의 공포를 완화시키고, 가족 성원이 **구별되는** 개인성에 대한 의식을 상실하면 가족이 폴리스와 비슷해진다고 이리가레가 주장할 때, 이런 가정이 분명해진다.[29] 이리가레는 비정치적인 개별적 이익에 대한 의식 없이 인간은 개별적 동일성을 의식할 수 없다는 그녀 자신의 전형적으로 자유주의적인 가정을 헤겔에게 투영한다. 개별적 동일성에 대한 의식이 인간성과 복지의 조건으로 간주되므로, 이리가레의 가정이 사회관계와 사회제도는 개인이 개별적인 이익을 추구하도록 허용하고 또 자극할 때만 정당할 따름이라는 그 이상의 확신과 연결된다는 것은 아주 당연하다. 이런 가정은 헤겔의 말처럼 고대 가족 성원이 개별적 이익을 추구했다면 당연히 그 성원이 서로를 개인으로 인정하고 다른 성원의 개별적 선을 증진하려고 노력했을 것이라는 이리가레의 추론을 용이하게 만든다. 그러나 이리가레가 가족에 대한 이런 견해를 헤겔에게 귀속시키는 것은 잘못인데, 그는 '특수성'이 [필연적으로] '개별성'을 요구한다는 것을 강력하게 부정하기 때문이다.

이런 해석상의 부정확함에도 불구하고, 이리가레의 헤겔 독해는 폴리스와 가족 사이의 갈등에 대한 흥미로운 독자적 설명을 제시한

---

29) 그녀는 폴리스가 "개별적 개인 사이의 (혈연) 관계를 추상적 보편성으로 해체했다"고 말한다. *Ibid.*, p. 220.

다. 그러나 그녀의 헤겔 독해를 오도하는 자유주의적 가정으로 인해 그녀는 고대 가족을 지지하는데, 이는 폴리스에 대한 그녀의 비판의 정치적 힘을 약화시킨다. 헤겔은 시민뿐만 아니라 또한 공동체 전체의 선을 의식하지 못하는 가족 성원도 비판하는 반면, 이리가레는 가족 성원이 정치 규범에 대한 인정을 거부하는 것을 비판하는 대신 국가의 권위에 도전하는 안티고네를 칭찬하면서 크레온의 행동과 안티고네의 행동의 윤리적 비대칭성을 주장한다.[30] 가족에 대한 이리가레의 승인 배후에는 개별적 이익에 대한 그것의 존중과 관심으로 인해 그것이 고유한 정당성을 갖는 사회제도라는 가정이 있다. 정치적으로 볼 때 이것은 사회가 본래적 형태의 정의로운 가족을 그 핵으로 해서 재구성되어야 한다는 함의를 갖는데, 이런 프로그램은 그녀의 후기 저작에서 발견된다.[31] 그러나 이런 프로그램은 가족이 사회생활의 안정적 토대로 지속될 수 없음을 이미 시사하는 그녀 자신의 관점에서 볼 때 실현가능하지 않다. 즉 상호존중과 관심이라는 가족 윤리를 발생시키는 것으로 간주되는 개인들 사이의 자연적 관계 자체는 어머니와 아들 사이의 자연적 관계를 포함하고, 이런 관계는 아들에게 그들의 분리를 부정하고 또 가족생활을 부정하는 동기를 부여하기 때문이다. 가족 윤리는 순수하게 **자연적**인 토대 위에서 존재하므로, 그것은 항상 남성으로 하여금 가족생활을 부정하고 정치생활로 진입하도록 유인한다. 가족은

30) *Ibid.*, pp. 222-3. 안티고네에 대한 이리가레의 편파성은 후기의 저작에서 점점 더 현저해진다. *An Ethics of Sexual Difference* (1984), Athlone, 1993, pp. 118-20; *Thinking the Difference*, pp. 67-70.

31) 예를 들어, "여성권(droit féminin)의 시대"[가모장제의 신화]에 대한 그녀의 열광을 보라. "Why Define Sexed Rights?", in *Je, Tu, Nous* (1990), Routledge, 1993 [국역: 윤소영 옮김, 『'인권의 정치'와 성적 차이』, 공감, 2003]. 이리가레는 임베니와 함께 유럽의회에 성별화된 시민법 초안을 제출하기도 한다. *Democracy Begins between Two* (1994), Athlone, 2000 [이 책이 이리가레의 '마지막' 정치적 저작인데, 서론은 같은 책에 국역되어 있다. 시민법 초안에 대해서는 Alison Martin, "A European Initiative: Irigaray, Marx, and Citizenship", *Hypatia*, 2004 No. 3; 국역: 『사회운동』, 2005년 11월을 참조하시오.]

내부적으로 불안정하고, 그것에 저항하고 그것을 변형시키는 정치적 행위자를 발생시키는 고유한 경향이 있다. 이런 의미에서 고대 그리스에 대한 이리가레의 분석은 자연적인 윤리적 관계가 그것을 부정하고 파괴하는 정치 공동체를 필연적으로 발생시킨다는 비관적[비극적] 역사철학을 묵시적으로 내포한다.[32] 이것은 이제 역사적으로 불가피한 것으로 설정되는 폴리스에 대한 그녀의 비판의 힘을 감소시킨다. 고대 가족에 대한 이리가레의 평가절상은 그것의 불가피한 자기 전복에 선행하는 시대에 대한 향수일 따름이고, 국가 속에서의 생활에 대한 실현될 수 있는 대안의 주창은 아니다.

헤겔 『법철학』: 부르주아 시민사회와 현대 국가

구체적인 정치적 주제에 집중하는 이리가레의 후기 저작은 『거울』과 분명하게 구별되는 것 같이 보인다. 그러나 자세히 살펴보면, 그녀의 모든 정치적 견해는 가족과 국가 사이의 적합한 관계를 확보하려는 프로젝트에 의해 조율되는데, 이 프로젝트는 『거울』에서 제시되는 이 주제에 대한 사상으로부터 출현하고 또 그것을 재가공하는 것이다.[33] 『거울』과 비교할 때 그녀가 이제는 실천적으로 실

32) 기원적 가족이 필연적으로 폴리스와 외디푸스적 가족으로 분열된다는 이런 비관적 역사철학은 원초적 존재의 주체와 대상으로의 기원적 분할(Ur-teilung, 심판)과 함께 역사가 시작된다는 횔덜린의 관념을 상기시킨다. J. Hölderlin, "Judgement and Being", in *Essays and Letters on Theory*, SUNY Press, 1988.

33) 『성과 계보』에서 이리가레는 가족과 국가 또는 '신의 법'과 '인간의 법'이 어떻게 공존해야 하는가에 대한 자신의 일차적 관심을 공언한다. *Sexes and Genealogies*, pp. 127-8. 『나, 너, 우리』에서 그녀는 "나는 성차의 관점에서 권리의 문제에 항상 관심을 가져 왔다. 예를 들어, 『거울』에서 나는 그것에 대해 아주 분명하게 검토한다. 나의 초기 저작과 후기 저작 사이에 특히 이 문제와 관련된 단절이란 존재하지 않는다"고 주장한다. *Je, Tu, Nous*, p. 82 [국역: 『'인권의 정치'와 성적 차이』, 위의 책].

현할 수 있는 사회생활의 형태를 구체적으로 탐구한다는 데 변화가 있다. 즉 단지 고대 가족을 평가절상하는 것이 아니라, 국가와 '외디푸스적' 가족의 역사적 불가피성을 여건으로 해서 어떻게 그것들을 개혁하여 더 평등한 공존을 실현할 수 있는지를 질문해야 한다는 것이다. 이 때문에 그녀는 국가와 가족을 재조직하여 고대적인 대립을 극복할 수 있는 방법에 대한 『법철학』에서 헤겔의 설명을 평가하는 데 새로운 관심을 갖는다. 『정신현상학』에서처럼 『법철학』에서도 헤겔의 검토는 묘사와 정당화를 혼합하는데, 이는 그가 계몽주의 이후에 유럽에서 실현된 부르주아 핵가족과 자유주의적 입헌국가가 고대 그리스의 사회제도들을 파괴한 대립을 극복하는 합리적이고 정당한 제도들이라고 믿기 때문이다. 이리가레는 현대 가족과 국가에 대한 헤겔의 묘사를 수용하지만, 그러나 이 제도들이 내재적으로 여성에게 정의롭지 못하다고 주장하면서 그의 규범적 결론을 기각한다. 현대 가족과 국가의 특수한 불의에 대한 그녀의 인식은 그것들 사이의 관계가 어떻게 개혁되어야 하는가에 대한 대안적 인식을 위한 동기를 부여한다.

헤겔에게서 현대 국가와 가족은 고대적 제도들과 뚜렷한 차이를 가지면서도 계속해서 그것들을 국가와 가족으로 정의하는 일정한 본질적 특징을 공유한다. 국가는 여전히 공동체 전체의 공동의 선이 규정되고 집행되는 영역인 반면, 가족은 여전히 특수한 개인들 사이에서의 자연적인 (게다가 아직도 이성애적이라고 가정되는) 욕망의 관계에서 기인하는 소규모 공동체인 것이다. 따라서 가족은 여전히 그 성원이 공동의 선에 대한 의식을 공유하고 개별적 이익에 대한 의식을 결여하는 윤리적 공동체다. 헤겔은 가족이 '무매개적 보편성'의 원리를 구체화한다고 말한다. 고대 그리스에서처럼 이런 보편성은 남성과 여성이 성과 재생산의 본능을 충족시키기 위해 맺는 자연적 관계,[34] 그 속에서 이성적으로 표현할 수 없는 "사

34) Hegel, *Elements of the Philosophy of Right*, Cambridge University Press, 1991, pp. 200.

랑"이라는 감정의 형상으로 "상호 통일성의 의식"을 유지하는 관계[35]에서 기인한다.

그렇지만 가족과 국가의 성원이 서로를 인정하는 것이 현대성의 특징이다. 현대의 시민은 헤겔이 "자기 지속적인 특수성의 원리"라고 부르는 것의 정당성을 승인하고, 또한 마찬가지로 현대의 가족 성원은 아이들에게 경제생활에 대해 교육함으로써 국가를 인정하는 것이다.

> 국가는 구체적 자유의 현실성이다. 그러나 구체적 자유는 인격적 개별성과 그 특수한 이익이 (가족과 부르주아 시민사회의 체계에서) 완전한 전개를 달성하고 그것들[개별성과 이익]의 권리에 대한 인정을 획득할 것을 요구한다. 또한 그것들이 한편으로는 보편성의 이익에 대한 동의를 통과시켜야 하고 다른 한편으로는 이런 보편적 이익을 심지어 그것들 자신의 실체적 정신으로 인정하고 그것들의 궁극적 목적으로 능동적으로 추구해야 한다는 것을 요구한다.[36]

헤겔에게서 '특수성'과 '보편성'의 이런 화해는 개별적 이익이 너 이상 가족 내부에서 배타적으로 충족되는 것은 아니기 때문에 가능하다. 현대성의 종차(種差, *diffrentia specifica*)는 개인이 이런 이익을 가족과 또한 새로이 출현하는 '부르수아 시민사회'라는 영역, 즉 경제활동과 그것을 규제하는 공적 제도[특히 코퍼레이션]의 영역에서 충족시킨다는 것이다. 과거에는 가족의 내부에서 수행되던 물질적 생산이 사회생활의 이 영역으로 분화되었는데, 이것이 가족과 국가라는 양극 사이를 '매개할' 수 있다. 부르주아 시민사회가 공동체의 모든 경제적 행위자를 연결시키고 감독하고 보호할 수 있기 때문에, 그것은 또한 공동체 전체의 선을 지지하도록 그 행위자를 교육할 수 있다. 반면 가족 성원은 항상 가족이라는 소규모 공동체의

---

35) *Ibid.*, p. 199. 묵시적 보편성으로 정의되는 사랑은 신의 법에 대한 묵시적 의식과 유사하기 때문에 헤겔은 사랑을 안티고네의 '경건성'(piety)에 비유한다. *Ibid.*, p. 206.

36) *Ibid.*, p. 282.

선을 지지할 수 있을 따름이다. 부르주아 시민사회는 그 성원이 개별적 이익의 추구가 동시에 공동의 선에도 봉사한다는 것을 의식할 수 있도록 지도한다. 따라서 가족생활 자체는 여전히 정치에 대립적이지만, 그러나 그 생산적 기능을 부르주아 시민사회에 양보함으로써 국가와의 화해를 달성할 수 있다. 또한 부르주아 시민사회는 가족 성원이 그것[정치생활]의 조건인 경제생활을 위해 아이들을 교육함으로써 정치생활에 간접적으로 공헌하는 것을 허용한다.

개별적 이익의 추구가 이제 공동의 선에 대한 지지를 초래하므로, 국가 성원도 더 이상 정치 공동체의 해체를 의미하지 않는 이런 이익의 추구의 정당성을 인정할 수 있다. 국가 성원은 몇 가지 더 결정적인 방식으로 '특수한 개인성의 원리'를 인정하는데, 가장 중요한 것은 충족할 만한 가치가 있는 개별적 이익을 정치 공동체의 성원 자격에 통합적인 것으로 인식하는 방식이다. 또한 국가가 가족과 부르주아 시민사회를 법적으로 보호하고, 지원하며, 규제한다는 것이 중요하다. 간단히 말해서, "국가의 목적은 보편적 이익 자체인 동시에 그것의 실체로서의 보편적 이익 내부에서 특수한 이익의 보존이다".[37]

『거울』에서처럼 후기 저작에서도 이리가레는 가족-부르주아 시민사회-국가의 상호 관련되는 기능에 대한 헤겔의 묘사를 대체로 수용한다.[38] 그러나 그녀는 이런 질서의 정당성을 부정하면서, 반대로 여성의 가족 유폐를 필요로 하기 때문에 내재적으로 정의롭지 못하다고 주장한다. 헤겔의 묘사는 현대성의 그런 측면을 포착하여 공적 생활[경제생활 및 정치생활]로부터 여성의 배제를 강조한다. 그러나 헤겔은 악명 높은 여성의 본질적 가정성(domesticity)이라는 관념에서 그런 배제를 도출함으로써 그것을 정당화하려고 시도한다.

---

37) *Ibid.*, p. 290.
38) *I Love to You*, pp. 20-1.

> 따라서 남성의 현실적인 실체적 생활은 국가, 학문, 등등, 아니면 외부 세계 및 자기 자신과의 투쟁 및 노동에 있기 때문에, 그가 자기 자신과 자기 충족적인 통일성을 달성하기 위해 투쟁하는 것은 그의 분할을 통해서일 따름이다. 그러나 여성의 실체적 소명은 가족에 있고, 그녀의 윤리적 성격은 이런 [가족적] 경건성에 있다.[39]

여성의 본질적 가정성이라는 이런 관념은 헤겔이 묘사하는 성적 분업을 설득력 있게 설명하기에는 분명 너무 공허하다. 이것이 그가 여성의 가족 유폐를 지지하기에 충분한 근거를 갖지 못하고 단지 19세기적 편견으로 인해 그것을 수용할 따름임을 시사할 수도 있다. 그러나 이리가레는 헤겔이 여성의 제한적 역할을 정당화하는 강력한 철학적 근거가 있다고 주장한다. 그는 자신이 지지하는 가족-부르주아 시민사회-국가의 질서가 필연적으로 경제생활과 정치생활로부터 여성의 배제로 귀결된다는 것을 어렴풋이 의식한다. 또한 그는 이런 배제의 메커니즘을 파악할 수 없지만, 그러나 현대 사회질서에 대한 자신의 옹호가 성공하려면 이런 배제를 정당화해야 한다는 것을 의식한다. 반대로 이리가레는 현대 사회에서 여성의 가족 유폐를 필연화하는 메커니즘을 식별하여 그것의 불의를 폭로하자고 제안한다.

이리가레에 따르면, 헤겔이 묘사하는 사회질서의 중심적 문제는 그것이 가족을 '자연적' 상태로 방치한다는 데 있다. 현대 가족은 "정신이 자연에 침투하여 자연을 정신화하는 데 실패하는 곳"에 있고 "따라서 부부의 자연적 무매개성은 정신화되지 않는다".[40] 이것은 일면적인 것처럼 보이는데, 헤겔에게서 가족은 단지 자연적인 것은 아니기 때문이다. 가족을 구성하는 자연적 관계가 직접적으로 그 성원에게 공동의 선에 대한 특수한 윤리적 지지를 고취한다. 그러나 가족적 윤리가 자연에서 기원한다는 사실이 바로 이리가레가 『거울』에서 제시된 근거에 따라 반대하는 것이다. 그녀는 그 자연적 토대로 인해 가족이 어머니로부터의 분리를 부정하는 남성의 경

---

39) Hegel, *Philosophy of Right*, p. 206.
40) *Sexes and Genealogies*, pp. 139, 135.

향을 조장하는 동시에 이후 모든 성적 관계에서 융합의 환상을 다시 실현하도록 남성을 방치한다고 주장한다. 가족이 "개별적 통일성[단위]의 토대가 되는 실체적 통일성[단위]", 즉 "두 성 사이의 변증법이 부재하는" 통일성[41]이 되고 특히 여성이 개별적 이익에 대한 모든 의식을 상실한다는 것은 예상할 수 있는 결과다. 개별적 이익에 대한 의식이 경제생활에의 참여를 위해 필요한 것이므로, 자연적 토대를 갖는 가족은 여성으로부터 가족 외부의 생활을 위한 능력을 현실적으로 박탈한다. 반대로 남성은 자신이 창조한 가족적 동질성에 반작용함으로써 부르주아 시민사회에 진입할 수 있다. "가족 안에서 남성은 미분화된 원시적 통일성에 빠져 있다. 그는 가족을 떠날 때만 자신의 개별성을 되찾을 수 있다. 이는 가족 안에서 [남성] 개인의 살아 있는 전개가 중단되고 분열됨을 의미한다."[42] 자연적 토대를 갖는 가족에 대한 이리가레의 비판은 자연적 가족이 그 본래의 정의로운 조직을 전복시키는 내재적 경향을 갖는다는 『거울』의 논점을 반복하는데, 그러나 이런 논점은 이제 하나의 비판으로서 명시적으로 공식화된다.[43]

따라서 헤겔이 지지하는 사회질서에 대한 이리가레의 기본적인 반대는 그것이 자연적 토대를 갖기 때문에 정의롭지 못한 제도인 가족을 법적·정치적으로 재가한다는 것이다. 자연적 가족생활을 보호함으로써 국가는 경제생활과 정치생활로부터 여성의 배제를 강화하는 데 공모한다. 그러나 이리가레가 자연적인 동시에 이성애적인 단위[통일성]로서 가족에 대한 헤겔의 묘사를 계속 수용하는 것은 주목할 만하다. 국가가 이런 '자연적' 가족을 재가해야 한다는

41) *Ibid.*, p. 130, 139. 자연적 가족에 대한 동일한 비판이 *I Love to You*, pp. 28-9에 요약되어 있다.

42) *Sexes and Genealogies*, p. 140.

43) 현대 가족에 대한 이리가레의 비판에는 여전히 헤겔에게서 특수성과 개별성의 관계에 대한 『거울』의 오해가 남아 있다. 또다시 이리가레는 헤겔이 현대 가족을 개별성에 대한 모든 의식을 금지하는 것으로 간주한다고 생각하면서 그의 "가족적 통일성은 필연적으로 개인의 죽음으로 강제된다"고 말한다. *Ibid.*, p. 136.

그의 견해를 비판하면서도, 그녀는 가족이 이성애적 욕망에서 자연적 토대를 갖는다는 일차적 가정에 대한 의문을 제기하지 않는다. 가족이 이런 방식으로 자연적이라고 가정하면서, 이리가레는 자연적 가족에 대한 고대 폴리스의 폭력과 파괴뿐만 아니라 또한 가족관계에 고유한 것으로 상정되는 불의에 대한 현대 국가의 묵인까지도 회피할 수 있는 정치제도를 발명하려는 프로젝트를 자임한다. 그녀의 해답은 [헤겔의 정신·문화론을 급진화하여] 국가가 가족관계의 자연적 형태를 '문화화'해야 한다는 것이다. 구체적으로 말해서 이런 문화화는 성적으로 고유한 권리와 법에 의한 가족관계의 재조직을 의미하는데, 그런 권리와 법의 힘은 사회 전체에서의 전반적 적용에서 도출되어야 한다.

이리가레: 여성권과 가족의 문화화

이리가레의 후기 저작은 가족관계를 정의롭지 못하게 만드는 그 자연적 토대를 극복할 필요성을 점점 더 강조한다.

> [성적 관계를] 단지 자연적 동일성, 재생산, 부모의 기능에만 위임한다면, 남성과 여성의 결합은 인간적 성숙성을 달성하지 못하고 또 각자의 개별적 동일성은 가족적 통일성 속에서 소멸한다. [따라서] 가족은 인간적 성숙성이 달성될 수 있는 장소가 되지 못한다. 그것은 얼마간 동물적인 친족으로 남는다. 인간적 동일성의 실현을 위한 경로는 본능을 지양할 수 있고 또한 모든 차이를 무시하는 자연으로의 [개별적] 의식의 퇴행 또는 소멸을 초월할 수 있는 육체적 공유(partage)에서 발견될 것이다.44)

44) *Between East and West*, Columbia University Press, 2002. pp. 114-5. 이리가레는 남성과 여성이 상호 존중을 배움으로써 "자연적 무매개성을 지양하고" 또 "무매개적 본능을 지양해야" 한다고 주장한다. "주체를 구성하는 자연적 현실에 대한 존중 때문에 한계(limite, 유한성)로서 부정이 존재한다. 성차는 주인도 노예도 없는 변증법의 가장 강력한 동력이다." [한계로서 부정은 적대와 비극이 아니라 사랑과 행복(felicité, 기쁨)이다.]

언뜻 보면, 이리가레가 칸트적인 방식으로 가족 성원이 비자연적 근거에서—따라서 자연적 관계가 동기를 부여하는 모든 규범과는 독립적으로—정의의 원리를 수용하고 그것에 따라 서로의 욕망을 존중하고 그것에 관심을 갖는 법을 배워야 한다고 제안하는 것처럼 보인다. 그러나 그녀는 가족 성원의 '공유'가 육체적 관계를 포기하는 것이 아니라 오히려 '육체적' 공유여야 한다고 강조한다. 그녀는 자연적 관계에서 기인하는 규범을 초월하라고 촉구하는 것이 아니라, 자연적 이익의 추구를 계속함으로써 정의에 대한 어떤 비자연적 원리를 실현하자고 촉구하는 것이다. 이리가레의 견해에 따르면, 정의의 원리는 자연적 규범을 '보존하는' 동시에 '부정한다'는 헤겔적 의미에서 '지양해야' 한다. 이런 원리는 개인이 계속 자연적 규범에 따라 행동하는 것을 허용하고 또 요구해야 할 뿐만 아니라 또한 비자연적 정당화와 경향을 추가함으로써 이런 규범의 배타적으로 자연적인 토대와 내용을 부정해야 한다. 일반적으로 말해서, 이리가레가 자연적 가족관계를 정의의 원리에 따르는 관계로 지양하자고 제안하는 동기가 무엇인가는 분명하다. 단지 자연적인 방식, 즉 정의롭지 못한 방식 이외의 방식으로 남성이 어머니와의 관계에 대응할 수 있도록 만들자는 것이다. "남성은 그의 본능을 승화시킬 수 있어야 하고" "그의 본능을 교육시켜야 한다."[45] 그러나 그녀는 남성이 단지 비자연적 원리에 따라서만 행동해야 한다고 촉구할 수는 없는데, 이는 자연적 조건을 부정하려는 남성의 내재적 욕망을 강화시키는 방식으로 자연의 초월에 고유한 도덕적 가치를 부여하는 것이기 때문이다. 이리가레는 자연적 관계 속에서 배타적으로 실현될 수 있는 원리가 이런 문제를 극복할 것을 희망한다.

I Love to You, pp. 50-1. [참고로, 『동양과 서양 사이』에서 이리가레가 인도 문화의 요가 전통에 주목하면서 '이단적' 문화다원주의를 주창한다는 사실을 지적해두자. 그러나 발리바르가 지적하듯이, 문화적 차이는 일차적으로 성적 차이보다는 지적 차이와 관련될 것이다. 에티엔 발리바르, 「보편의 상 아래에서」(2006), 윤소영, 『일반화된 마르크스주의의 쟁점들』, 공감, 2007.]

45) *Ibid.*, pp. 27, 28.

자연적 가족을 윤리적 가족으로 '지양할' 수 있을 것이라는 이리가레의 관념은 개별적 이익의 추구가 부르주아 시민사회에서 보편적 선의 동시적 추구로 지양된다는 헤겔의 설명과 분명한 친화성을 갖는다. 헤겔적인 부르주아 시민사회와 유비하자면, 이리가레적인 가족은 그 성원이 서로의 개별적 욕망을 존중하고 또 그것에 관심을 갖도록 동기를 부여하는 자연적 관계에 의해 정의된다. 그러나 가족은 그 성원이 서로의 개별적 선을 주창하는 동시에 그 이상의 목적도 주창하도록 재조직되어야 한다. 부르주아 시민사회와의 유비는 이런 그 이상의 목적이 이리가레가 보편성이라고 부르는 공동체 전체의 선이어야 함을 시사한다. 가족은 "감각적 욕망이 잠재적으로 보편적 문화가 되어야 하는 곳", "자연에서 문화로의, 개별성에서 보편성으로의 이행이 실현될 수" 있는 곳이다.[46] 헤겔의 시각에서 보면, 이리가레의 전망은 자기 모순적인데, 가족의 소규모성 때문에 그 성원은 공동체 전체의 집단적 선이 아니라 단지 친족의 집단적 선만을 수용할 수 있기 때문이다. 그러나 이리가레의 관점에서 보면, 헤겔은 '정신화'를 위한, 공동체적 정신의 수용을 위한 자연적 가족의 잠재력을 인식하는 데 실패한다. 어쨌든 이리가레에게는 가족 안에서 비자연적 성의의 원리를 추구하는 것이 공동체의 보편적 선을 추구하는 것과 동등한 것이다. 그러나 보편적 선이라는 개념이 순수한 개인 자체를 위한 정의를 지시하지 않는다면 어떻게 이런 등식이 성립하는가? 게다가 이리가레가 지지하는 모든 '정신적' 원리는 개인이 자연적 규범을 준수함으로써 실현할 수 있는 그런 것이어야 하는데, 그 결과—이리가레에 따르면, 남성과 여성의 자연적 관계는 정의롭지 못하므로—그런 원리가 어떤 방식으로든 여성을 위한 정의를 요구하는 것은 아니다. 이리가레는 정의의 원리가 어머니와의 자연적 관계에 대한 남성의 경험을 변형시키는 그런 것이 되어야 한다고 주장함으로써 이런 문제를 회피한다. 이런 변형된 경험으로 인해 남성은 새로이 가족을 통치하는 정의의

46) *Ibid*, p. 28.

원리—그리고 또한 다른 모든 자연적 관계가 발생시키는 개별적 존중과 관심의 규범—에 합치하는 새로운 규범을 자연발생적으로 지지할 것이다.

따라서 도식적으로 말하자면, 자연적 가족의 불의는 비자연적 정의의 원리에 의한 가족의 구조화를 통해 정정되어야 하는데, 그런 원리는 첫째 자연적인 윤리적 관계 내부에서 실현되어야 하고, 둘째 개인을 존중하고 그에게 관심을 갖는 자연적 관계 속에서 실현되면서도 보편적 선을 표현해야 하며, 셋째 어머니와의 관계에 대한 남성의 경험을 변형시켜야 한다.

이리가레의 중심적인 주장은 가족생활을 구조화하는 원리가 두 성의 선으로 인식되는 보편적 선을 표현해야만 이 세 가지 요구가 충족될 수 있다는 것이다. 보편적 선은 이중적 선, 즉 여성 전체의 보편적 선인 동시에 남성 전체의 (상이한) 보편적 선으로 인식되어야 한다. 이리가레는 보편적 선에 대한 이런 이중적 인식을 표현하는 모든 원리가 두 류(genre)로서 두 성에 대한 인식을 구체화해야 한다고 강조한다.[47] 그 성원이 친족에 대한 행동의 원리로서 두 성적 보편성에 대한 이런 인식을 지지한다면, 이제까지 단지 자연적일 따름인 가족의 성격을 지양할 수 있을 것이다. 개인이 두 성적 보편성을 내재적으로 가치 있는 것으로 의식하는 방법을 배우고 자신의 행동 속에서 두 성적 보편성으로서 선을 주창할 동기를 갖게 된다는 이리가레의 윤리적 전망은 칸트적이라기보다는 오히려 플라톤적이다.[**]

---

47) 성적 보편성에 대해서는 "Je—Luce Irigaray", p. 106; *I Love to You*, pp. 35-48 *passim*을 참조하시오.

**) 여기서 '두 류'는 여성 일반과 남성 일반의 추상적 보편성이 아니라 개별적 여성과 개별적 남성으로 구체화되는 보편성이므로, 실은 '류'(genus)가 아니라 '종'(species)이라고 해야 할 것이다. 따라서 이리가레의 보편성은 플라톤적인 것이 아니라 아리스토텔레스적인 동시에 헤겔적인 것인데, 다만 주인과 노예의 변증법과 달리 두 종 사이의 지배-종속관계는 존재하지 않는다. 이리가레가 성적 보편성을 적대가 아니라 사랑 또는 매개로서 보편성이라고 부르는 것은 이 때문이다.

이리가레는 가족 성원이 두 성적 보편성을 표현하는 원리를 의식하도록 교육시키는 결정적 역할을 권리와 법에 배당한다. 『나와 너 사이의 사랑』에 나오는 중요한 구절은 바로 이런 유형의 원리가 가족의 문화화에 적합한 이유를 제시한다.

> [가족생활은] 그 자연적 현실성, 즉 성적 동일성에 적합한 인격의 권리[에 의해 구조화되어야 한다]. 이 권리 덕택에 보편성과 특수성은 화해하지만, 그러나 여전히 둘이다. 각각의 남성과 여성은 특수한 개인이지만, 그러나 젠더에 의해 보편적이기도 하다. 각각의 젠더에게 적합한 권리, 모든 남성과 여성에게 공통적인 권리가 대응해야 한다. 권리가 표상하는 보편성 앞에서 각각의 인격 또는 개인은 여성 또는 남성이라는 권리를 갖는다. 따라서 더 이상 자연이 정신 속에서 제거되어야 하는 것이 아니라 구체적 정신이 자연의 문화 속에 존재하는 것이다. 이런 문화의 매개자로서 적합한 시민권과 시민법이 요구된다.[48]

개별 가족 성워에게 특수한 성의 성원이라는 자격으로만 권리를 부여하는 법에 의해 가족 성원은 두 성적 보편성의 현실과 가치를 의식할 수 있다. 가족법은 중성적 개인에게 권리를 부여하는 것이 아니라 성적으로 특수한 권리만을 정의해야 한다. 이리가레의 제안에 따르면, 예를 들어, 소녀는 남성 친척에 의한 폭력과 학대로부터 보호받을 수 있는 특수한 권리가 부여되어야 하고, 여성은 주거공간을 방어할 수 있는 특수한 권리가 부여되어야 한다.[49] 법이 규정하는 방식으로 친족의 선을 증진시키면서 가족 성원은 개별적 욕망으로서 그 욕망을 존중해야 하는 개인으로서뿐만 아니라 또한 그 성에 필연적으로 고유한 욕망으로서 그 욕망을 존중하고 그것에 관심을 가져야 하는 특수한 성의 성원으로서도 친족을 바라보는 방법을 배우게 된다. 이런 시각의 변화로 인해 가족 성원은 그 친족인 특수한 여성과 남성에게서 표현되는 성적 보편성에 대해 의식하고, 나아가 그런 보편성을 가치 있는 것으로 의식하면서, 이 여성과 이

48) *Ibid.*, p. 51.
49) *Je, Tu, Nous*, pp. 88-9 [국역: 『'인권의 정치'와 성적 차이』, 위의 책].

남성의 선을 주창함으로써 이들의 성의 보편적 선의 증진에 공헌하게 된다. 그렇다고 해서 특수한 성의 성원으로서 친족에 대한 법적 의식이 그 개별적 개인성에 대한 최초의 의식을 대체하거나 그것에 추가될 따름이라는 의미는 아니다. 오히려 그런 최초의 의식이 개별적 개인성은 그 성적 보편성을 구체화하는 특수한 방식일 따름이라는 새로운 의식으로 '지양되는' 것이다.[50] 이런 새로운 의식으로 인해 개별적 욕망에 대한 관심이 이 개인의 선을 매개로 해서 이 성의 선에 공헌하려는 관심으로 재평가된다. 따라서 두 성의 이중적인 보편적 선을 주창하는 것은 개인의 선을 지향하는 자연적 규범 내부에서 가능한 것이다. 그러나 이런 목적만이 이렇게 실현될 수 있는가는 분명치 않다. 예를 들어, 인류 전체의 선을 개인의 선을 통해 증진하면 왜 안 되는가?

이리가레의 답변은 성적으로 이중적인 보편적 선에 대한 인식만이 어머니로부터의 분리에 대한 남성의 경험을 변형시켜야 한다는 세 번째 요구를 충족시킬 수 있다는 것이다. 두 개의 성적 보편성을 내재적으로 가치 있는 것으로 의식함으로써 남성은 그의 남성성을 선으로, 즉 그의 성의 가치의 공유로 재평가할 수 있을 것이다. 따라서 남성은 분리의 고통을 남성의 성을 체현하는 지배적으로 긍정적인 경험 속의 단순한 부정적인 계기로 조정할 수 있을 것이다.[51] 남성은 어머니와의 육체적 차이를 부정하려고 노력하는 대신 긍정할 수 있을 것이다. 따라서 이리가레는 내재적으로 가치 있는 보편성으로서 두 성에 대한 의식을 촉진하는 권리와 법에 의해 가족을 재구성하는 것이 모든 가족 성원에 대한 정의로운 대우를 보장함으로써 불의를 향한 남성의 자연적 경향을 굴절시키는 고유한

50) "따라서 개별성에서 보편성으로 이행하는 과제는 여전히 개별적 인격의 과제로 남아 있다." *I Love to You*, p. 27.

51) 이리가레는 "남성적 욕망이 남성으로서 자기를 위한 욕망이 되려면" 남성은 "자신을 남성으로서 정의할 가능성"을 필요로 한다고 말한다. *Ibid*, pp. 28, 27. 이것이 남성을 "그의 무매개적 존재로부터 구해낼" 것이다. *Ibid*., p. 39.

능력을 갖는다고 주장한다.

이리가레에 따르면, 국가가 자연적 가족관계에 대한 반대나 묵인이 아니라 문화화를 지향하면서 가족 성원이 모든 특수한 개인에게서 표현되는 두 개의 성적 보편성을 의식하면서 정의롭게 행동하도록 교육시키는 권리와 법을 보급할 때, 국가와 가족의 정당한 관계가 존재할 것이다. 가족의 문화화에 대한 이런 전망은 물론 아주 독창적이고 시사적이다. 그러나 그것은 심각한 문제를 갖는 것이기도 한데, 이는 이리가레의 이성애 규범적인 가정 때문이다. 이 문제에 대해 검토하기 전에, 이제까지의 설명을 정리하기 위해 가족의 변형을 위한 이리가레의 제안이 어떻게 헤겔로 소급되는지, 나아가 모든 곳에서 성적 차이를 강조함으로써 사회적 선을 달성하려는 그녀의 더 광범한 전망과 어떻게 관련되는지를 먼저 해명해보자.

현대 사회에 대한 헤겔의 규범적 설명에 대한 이리가레의 반대는 이미 지적한 것처럼 그가 (가족과 국가를 연결시키는 부르주아 시민사회의 역할을 매개로) 자연적 가족에 대한 국가의 보호를 지지한다는 것이었다. 그러나 국가-가족관계의 더 나은 모형을 탐색하면서 이리가레는 아직도 헤겔적 변증법에 따라 국가가 가족을 부정하거나 보존하는 것이 아니라 성적 권리와 법을 통해 문화화함으로써 지양해야 한다고 주장한다. 그녀의 지적대로, "이런 과제가 헤겔 사상의 파괴를 의미하는 것이 아닌데, 그가 그 방법을 지시하고 있기 때문이다".52) 동일한 변증법이 문화화된 가족이라는 이리가레의 이상을 성적 차이의 사회적 강화라는 그녀의 더 광범한 규범적 전망과 연결시킨다. 문화화된 가족에 대한 그녀의 설명으로부터 두 성에 속하는 가족 성원이 두 성의 선의 추구가 (암묵적으로) 인류 전체의 선의 증진임을 의식하면서 경제생활과 정치생활에 진입한다고 가정할 수 있을 것이다. 경제생활과 정치생활은 단순한 인류, 즉 성적 이중성을 지시하지 않는 인류의 공동의 선에 공헌할 것이다. 그러나 이리가레는 이런 견해를 기각한다. 변증법적 지양의 원

52) *Sexes and Genealogies*, p. 138.

리에 따르면, 공적 생활은 성적으로 이중적인 선의 배제가 아니라 증진 속에서 인류의 공동의 선을 진흥시켜야 한다. 인류의 공동의 선은 그것을 구성하는 두 성의 선을 통해 주창되어야 하는데, 그렇게 되지 않는다면 공적 생활이 자연적 가족생활과의 단절을 실현함으로써 배타적으로 남성적 정신과 결부될 것이기 때문이다. 구체적으로 말하자면, 모든 경제생활과 정치생활은 가족생활을 지배하는 것과 동일한 성차의 형이상학에 의해 충만해져야 한다는 것이다. 이런 형이상학은 성의 성원으로서 개인에게만 권리를 부여하는 법과 모든 형태의 사회활동의 성적으로 분할된 조직—예를 들어, 노동은 남성과 여성의 리듬의 차이에 적합하도록 조직되어야 하고, 문화·종교·정치에서 남성과 여성의 전통의 차이를 인정해야 한다—에 반영되어야 한다. 따라서 이리가레는 그 자연적 불의를 정정하기 위해 가족이 권리와 법에 의해 재구조화되어야 한다는 관념에서 이 권리와 법이 성차라는 형이상학적 현실을 표현해야 한다는 주장으로, 결국 동일한 형이상학에 의해 사회생활 전체가 성차를 실현하고 강화하는 방식으로 조직되어야 한다는 도발적 결론으로 전진하는 것이다.

결론

성차를 최대화하자는 이리가레의 정치적 주장의 중심적 문제는 그것이 두 성의 본질적인 정신적 차이에 대한 신념과 욕망의 자연적으로 이성애적인 지향에 대한 신념에 의존한다는 것이다. 첫 번째 논점과 관련해서 이리가레는 모든 남성은 어머니로부터 분리하는 데 특수한 정신적 곤란을 경험한다고 주장한다. 적합한 문화가 존재할 때 남성이 이런 곤란을 극복할 수 있다고 해도, 어머니와의 육체적 차이가 존재하는 한 곤란 자체는 필연적으로 발생한다. 남성의 본질적 곤란에 대한 이리가레의 신념은 그녀의 헤겔 독해에서 기인한다. 헤겔을 따라 그녀는 고대 그리스의 사회제도들 사이의 성적 분할을 남성과 여성의 근본적인 정신적 차이로 설명해야 한다고 가정하면서 폴리스의 극단적인 동질성을 설명해주는 [어머니로부터의] 분리에 대한 남성의 공포를 특권화한다. 문제는 이리가레가 역사적으로 특수한 상황[53]에서 발생할 따름이라고 생각하는 것이 더 타당할 곤란을 결국에는 모든 남성에게 투영한다는 데 있다. 따라서 이리가레는 기존의 성적 불평등의 결과로서만 발생하는 정신적 성향을 그런 불평등에 선행하는 근거로 취급하는 것이다.

또한 이리가레가 국가-가족관계에 대한 헤겔의 설명을 다시 해석함으로써 자신의 결론에 도달하기 때문에 이미 여러 차례 지적한 것처럼 그녀의 정치는 가족에 대한 그의 이성애 규범적인 인식을 수용한다. 헤겔은 욕망이 이성애적이라고 가정하는데, 이는 (암묵적으로) 그가 다른 성에 속한다는 점에서 최대의 차이를 갖는 타자를 영유하려는 충동으로 욕망을 정의하기 때문이다. 성차를 갖는 타자에 대한 경이·찬탄·존중·관심으로 욕망을 정의하는 이리가레는 이런 욕망이 영유적이라는 것을 부정하지만, 그러나 이런 욕망의 모형은 여전히 가족에 대한 헤겔의 묘사가 설정하는 이성애 규범적인 개념을 파라미터로 한다.[54] 따라서 국가와 가족의 관계에 대한 헤겔의 인식을 비판하고 다시 사고하면서도 여전히 이리가레는 가족이 자연에서 기인하는 제도라는 그의 신념에는 도전하지 않는다. 가족에 대한 그녀의 이렇게 매우 전통적인 견해를 보고 그녀의 정치가 심각하게 검토할 만한 가치가 전혀 없다고 결론지을 사람이 있을지도 모르겠다.

그러나 이런 결론은 시기상조인데, 이리가레의 정치가 현대 국가

53) 초도로가 암시하는 것처럼, 여성만이 육아의 책임을 갖는 상황이 그 사례다. Nancy Chodorow, *The Reproduction of Mothering*, University of California Press, 1978.

54) 이리가레를 옹호하기 위해 그녀가 비전통적인 형태의 이성애를 주장한다고 해석할 수도 있다. Cheah and Grosz, "Of Being-Two". 그러나 결국 그 내용은 여전히 이성애다.

와 가족 사이의 분리와 동시에 공모의 관계를 극복하려는 정당한 관심을 반영하고 있기 때문이다. 헤겔이 설명하는 것처럼, 현대 국가는 가족으로부터의 분리를 강력하게 유지하면서도 가족 성원이 친족관계를 초월하여 공적 영역으로 진입하도록 가족을 지원한다. 이런 질서가 가족 안에서 남성이 '자연적으로' 정의롭지 못한 기질을 충족시키도록 방임한다는 이리가레의 주장을 수용하지 않을 수도 있겠지만, 그러나 그녀가 국가-가족의 이접(離接, disjunction)을 공적 생활로부터 여성의 역사적 배제와 관련짓는 것은 분명 대체로 타당하다. 역사적으로 가족은 육체, 욕망, 친밀한 감정적 유대의 영역으로 개념화되어 왔는데, 그곳에서 육체화와 정념은 전통적으로 여성적인 것으로 정의된다. 반대로 국가는 중립적인 비인격적 관계의 영역으로 개념화되어 왔는데, 이제 중립화와 합리성은 전통적으로 남성적인 것으로 정의된다. 이렇게 성별화된 구성으로 인해 여성의 공적 생활에의 완전한 참여는 정치영역이 근본적으로 다시 정의되어 그것이 (어떤 방식으로든) 친밀한 육체적 관계의 세계와 내재적으로 관련될 때만 가능해질 것이다.

이리가레는 이것을 달성할 수 있는 방법에 대한 강력한 모형을 제공한다. 이미 검토한 것처럼, 그녀는 육체를 토대로 하는 친밀한 관계의 영역에 일차적으로 적용되는 상대적으로 특수한 윤리적 목적의 추구를 통해 공동의 선이 추구되어야만 공적 생활이 감정적 영역과 연속적일 수 있다고 주장한다. 따라서 이리가레의 기본적 사상은 가족을 구조화하고 또 국가에 의한 공동의 선의 추구를 구조화함으로써 가족과 국가를 매개하는 이행적인 윤리적 원리가 필요하다는 것이다.[55] 이런 이행적인 윤리적 원리는 가족을 문화화하고 가족에게 정치적으로 교육적인 역할을 부여하는 동시에 공적 영역 내부에서도 작동하여 그 영역이 감정적이고 육체적인 생활과의

55) 가족을 국가와 통합하는 것이 아니라 분리시키기 위해 필요한 가족 윤리에 대해서는 Cecilia Sjöholm, "Family Values: Butler, Lacan, and the Rise of Antigone", *Radical Philosophy*, Jan. 2002를 참조하시오.

연결을 유지하도록 만들 것이다. 문제는 가족을 본질적으로 다른 두 성의 성원으로 구성되는 이성애적 단위로 인식하는 이리가레가 이런 인식으로 인해 두 개의 성적 보편성의 가치를 보존하는 윤리적 원리가 이런 매개적 역할에 가장 적합하다고 믿는다는 것이다. 그러나 이런 문제가 성별화된 국가-가족의 분리를 극복하는 윤리적 원리를 매개하려는 그녀의 제안이 성과 있는 연구 방향을 개방한다는 사실에 영향을 끼치지는 않는다.

(…).***)

***) '성적 이원성'과 '육체적 다원성'을 결합하기 위해 스톤은 이리가레와 버틀러, 헤겔과 셸링의 화해를 시도한다. A. Stone, *Luce Irigaray and the Philosophy of Sexual Difference*, *op. cit.*

'과천연구실 세미나' 개관

I. 일반화된 마르크스주의와 성적 차이의 페미니즘

윤소영, 『마르크스주의의 전화와 '인권의 정치': 알튀세르를 위하여』, 과천연구실 세미나 1, 문화과학사, 1995; 『마르크스의 '경제학 비판'』, 과천연구실 세미나 15, 공감, 2001; 『마르크스의 '경제학 비판'과 소련 사회주의』, 과천연구실 세미나 16, 공감, 2002; 『마르크스의 '경제학 비판'과 평의회 마르크스주의』, 과천연구실 세미나 18, 공감, 2003; 『마르크스의 '경제학 비판'과 대안세계화 운동』, 과천연구실 세미나 20, 공감, 2003.

윤소영, 『알튀세르를 위한 강의: '마르크스주의의 일반화'를 위하여』, 과천연구실 세미나 3, 공감, 1996; 『일반화된 마르크스주의 개론』, 과천연구실 세미나 28, 공감, 2006; 『역사적 마르크스주의: 이념과 운동』, 과천연구실 세미나 22, 공감, 2004; 권현정, 『마르크스주의 페미니즘의 현재성』, 과천연구실 세미나 17, 공감, 2002; 권현정 외, 『페미니즘 역사의 재구성: 가족과 성욕을 둘러싼 쟁점들』, 과천연구실 세미나 19, 공감, 2003.

에티엔 발리바르, 『마르크스의 철학, 마르크스의 정치』, 과천연구실 세미나 2, 문화과학사, 1995; 에티엔 발리바르·피에르 마슈레, 『스피노자의 철학, 스피노자의 정치』 (윤소영, 『알튀세르의 현재성: 마르크스, 프로이트, 스피노자』, 과천연구실 세미나 5, 공감, 1996에 실림); 에티엔 발리바르 외, 『'인권의 정치'와 성적 차이』, 과천연구실 세미나 21, 공감, 2003; 뤼스 이리가레 외, 『성적 차이와 페미니즘』, 과천연구실 세미나 8, 공감, 1997.

II. 포스트구조주의 비판

윤소영, 「발리바르의 『마르크스의 철학』에 관하여」 (윤소영, 『알튀세르를 위한 강의: '마르크스주의의 일반화'를 위하여』, 과천연구실 세미나 3, 공감, 1996에 실림); 「알튀세르와 라캉: 마르크스주의 전화를 위한 쟁점들」 (루이 알튀세르 외, 『알튀세르와 라캉: '프로이트-마르크스주의'를 넘어서』, 과천연구실 세미나 4, 공감, 1996에 실림); 「뤼스 이리가레의 '성적 차이의 윤리'」 (윤소영, 『마르크스주의의 전화와 '인권의 정치': 알튀세르를 위하여』, 과천연구실 세미나 1, 문화과학사, 1995에 실림); 「데리다의 『마르크스의 유령들』에 관한 단상들」 (윤소영, 『알튀세르를 위한 강의: '마르크스주의의 일반화'를 위하여』, 과천연구실 세미나 3, 공감, 1996에 실림); 「스피노자-마르크스주의와 포스트구조주의 비판」 (메이너드 솔로몬 외, 『베토벤: '윤리적 미' 또는 '승화된 에로스'』, 공감, 1997에 실림).

윤소영, 『알튀세르의 현재성: 마르크스, 프로이트, 스피노자』, 과천연구실 세미나 5, 공감, 1996.

에티엔 발리바르, 『마르크스의 철학, 마르크스의 정치』, 과천연구실 세미나 2, 문화과학사, 1995; 에티엔 발리바르·피에르 마슈레, 『스피노자의 철학, 스피노자의 정치』 (윤소영, 『알튀세르의 현재성: 마르크스, 프로이트, 스피노자』, 과천연구실 세미나 5, 공감, 1996에 실림); 메이너드 솔로몬 외, 『베토벤: '윤리적 미' 또는 '승화된 에로스'』, 공감, 1997; 루이 알튀세르 외, 『알튀세르와 라캉: '프로이트-마르크스주의'를 넘어서』, 과천연구실 세미나 4, 공감, 1996; 뤼스 이리가레 외, 『성적 차이와 페미니즘』, 과천연구실 세미나 8, 공감, 1997; 에티엔 발리바르 외, 『'인권의 정치'와 성적 차이』, 과천연구실 세미나 21, 공감, 2003.

III. 신자유주의 비판

윤소영, 「쉬잔 드 브뤼노프의 신자유주의 비판」 및 「뤼스 이리가레의 '성적 차이의 윤리'」 (윤소영, 『마르크스주의의 전화와 '인권의 정치': 알튀세르를 위하여』, 과천연구실 세미나 1, 문화과학사, 1995에 실림); 『일반화된 마르크스주의와 역사적 자본주의 분석』, 과천연구실 세미나 6, 공감, 1998; 『이윤율의 경제학: 헨릭 그로스만(1881-1950)을 위하여』 (『이윤율의 경제학과 신자유주의 비판』, 과천연구실 세미나 13, 공감, 2001에 실림); 『마르크스의 '경제학 비판'』, 과천연구실 세미나 15, 공감, 2001.

윤소영, 「브뤼노프의 신자유주의 비판」 및 「이리가레의 '성적 차이의 윤리'」 (윤소영, 『알튀세르를 위한 강의: '마르크스주의의 일반화'를 위하여』, 과천연구실 세미나 3, 공감, 1996에 실림); 『신자유주의적 '금융 세계화'와 '워싱턴 콘센서스': 마르크스적 비판의 쟁점들』, 과천연구실 세미나 11, 공감, 1999; 『신자유주의 비판』 (『이윤율의 경제학과 신자유주의 비판』, 과천연구실 세미나 13, 공감, 2001에 실림); 『일반화된 마르크스주의 개론』, 과천연구실 세미나 28, 공감, 2006; 김석진 외, 『자본주의의 위기와 역사적 마르크스주의』, 과천연구실 세미나 14, 공감, 2001; 이미경, 『신자유주의적 '반격' 하에서 핵가족과 '가족의 위기': 페미니즘적 비판의 쟁점들』, 과천연구실 세미나 12, 공감, 1999.

장 로블랭 외, 『세계화와 신자유주의 비판을 위하여』, 과천연구실 세미나 7, 공감, 1997; 조반니 아리기 외, 『발전주의 비판에서 신자유주의 비판으로: 세계체계론의 시각』, 과천연구실 세미나 9, 공감, 1998; 다이앤 엘슨 외, 『발전주의 비판에서 신자유주의 비판으로: 페미니즘의 시각』, 과천연구실 세미나 10, 공감, 1998; 에티엔 발리바르 외, 『'인권의 정치'와 성적 차이』, 과천연구실 세미나 21, 공감, 2003.